ドイツ語で読む『聖書』

ルター、ボンヘッファー等の
ドイツ語に学ぶ

河崎 靖

Deutsche Bibeltexte, auf Japanisch erklärt.

現代書館

ドイツ語で読む『聖書』

目　次

はじめに ……………………………………………………………………………… 5

序 …………………………………………………………………………………… 11

第1章　マタイ福音書 …………………………………………… 19
〈マタイ〉第5章　23
〈マタイ〉第6章　47
〈マタイ〉第7章　64
〈ボンヘッファーのテキスト①〉：新年後の主日に読むための
　説教（マタイ 2:13-23）……………………………………………………… 79

第2章　詩篇 ……………………………………………………………… 85
〈第22篇〉　86
〈第103篇〉　102
〈ボンヘッファーのテキスト②〉：抵抗と信従 ……………………… 112

第3章　ローマ書（1:1-17）……………………………………… 121
〈ボンヘッファーのテキスト③〉：「マルコ福音書」（第9章）
についての説教 ……………………………………………………………… 146

第4章　第一コリント書簡 ……………………………………… 157
コリント書簡　第13章　160
コリント書簡　第14章　168
〈ボンヘッファーのテキスト〉④：誘惑 ………………………………… 173

第5章　創世記（1:1-31）…………………………………………… 181
〈ボンヘッファーのテキスト〉⑤：「共に生きる生活」…… 215

補章　キーワードで見る「『聖書』の世界」 …… 223

参考文献 …… 231

【注】 …… 233

コラム

ボンヘッファー①　78／『聖書』の名言　83／ゴート語『聖書』　101／ボンヘッファー②　111／「幸福と不運」Glück und Unglück　114／永遠の生命　119／ボンヘッファー③　149／聖フランシスコ　150／フランシスコ「太陽の歌」　152／ボンヘッファー④　178／『グーテンベルク聖書』　179／ボンヘッファー⑤　219／死海文書クムラン写本断片　220

カバー画像　『ヘーリアント』より

はじめに

　わたしたちが現在、日本でイメージする一般的なキリスト教のイメージはどこから来たのでしょうか？

　キリスト教は今で言う中近東に生まれた信仰ですが、その頃の宗主国であったローマ帝国の版図内に徐々に広がり、北アフリカおよびヨーロッパへと次々に伝播してゆき、その過程でキリスト教はドイツ語圏にも普及していくことになりました。「ドイツ語圏」と言っても、ドイツ語が現在のように「ドイツ語」として位置づけられるのはもっと後年のことです。しかし、キリスト教の歴史にとって、古代からヨーロッパ地域の文化・言語に関係したことは後のキリスト教の歴史に重大な影響を及ぼしました。

　キリスト教とヨーロッパの歴史は切り離せない関係にあると言っていいでしょう。現在、ローマ教皇庁がイタリア（ヴァチカン）にあり、現教皇がドイツ出身のベネディクト16世なのも、いわゆる宗教改革がドイツで始まりルター（Martin Luther）が大きな役割を果たしたのも、その現われの一つです。

　イエス・キリストや最初の弟子たちはアラム語を話したと言われておりますが、実は最初の『新約聖書』はギリシア語（当時ローマ帝国で流布していた口語ギリシア語で「コイネー」と呼ばれる）で著されています。また、比較的早い時期にラテン語に翻訳されております。そんな言語環境の中でキリスト教の歴史は始まったのです。現在、『聖書』を学問として研究する人は

ヘブライ語（『旧約聖書』はこの言語で書かれている）だけでなく、ラテン語やギリシア語を学ぶのはそのためです。

さて、本書のテーマはタイトルにあるとおり、ドイツ語の『聖書』あるいはキリスト教関連文献などについて解説をおこなうことです。つまりドイツ語という言語とキリスト教信仰について知るための入門書です。前述のとおり、キリスト教は中近東・北アフリカ・ヨーロッパ地域と早くから関係をもっていました。その地域ではさまざまな言語が話されていましたが、では、なぜその中でも特にドイツ語について取り上げるのでしょうか？

詳しくは本書の内容をお読みくだされればお分かりいただけると思いますが、ドイツ語圏は古代から中世にかけ、キリスト教史上の出来事の舞台にたびたびなっています。それは現在のドイツ語圏が神聖ローマ帝国の版図に重なるばかりでなく、宗教改革、即ち中世の歴史観に大きな革命をもたらしたルターの改革があったからです。周知のとおり、ルターは『新約聖書』をギリシア語原典から（1522年）、『旧約聖書』をヘブライ語原典から（1523-24年）訳出しました。ルターの翻訳は、後にプロテスタントと呼ばれるようになるルター独自の立場から『聖書』を総合的に理解しようとする立場を貫き、『聖書』の内容を民衆にわかりやすく、そして力強くドイツ語で言い表わそうとしました。ルターのことばは後にドイツ語標準語としての規範的なはたらきを担うほどにもなりました。この翻訳事業はこのように画期的な成功であったため、ついには『ルター訳聖書』の低地ドイツ語訳・オランダ語訳・デンマーク語訳・スウェーデン語訳までが現われるほどでありました。[1]

ミュンスター（Münster）市庁舎[2]

　また、現在のドイツもキリスト教にとって興味深い位置を占めている国です。意外に思われるかも知れませんが、現在のヨーロッパ諸国では、カトリックとプロテスタントのどちらかが多数派で、もう一方が少数派という場合が一般的です。しかし、そんなヨーロッパ諸国にあってドイツはカトリックとプロテスタントがともに一定数おり、おおよそで見れば均衡が保たれている国です。これは実はかなり珍しい国なのです。その影響は言語文化にはもちろんのこと、政治や地域意識にも波及します。例えば、現代史の最も悲劇的な時代であったナチスの時代においても、ナチスに協力的なキリスト教信者がいる一方で、徹底的にナチスと戦ったキリスト教徒たちの運動も起こりました（この関連では、各章末に付した神学者ボンヘッファー（Dietrich Bonhoeffer）のテキストを参照いただきたいと思います[3]）。

このように、ヨーロッパの言語・歴史を理解するにはキリスト教の知識は欠かせません。また逆にキリスト教の歴史を知るためにはヨーロッパの諸文化を理解しないわけにはいかないのは今、述べたとおりです。しかし、今まで日本ではドイツ語という言語文化から、キリスト教を知るための本がありませんでした。本書は、日本の読者に向けて書き下ろした書籍です。
　このようなバックグラウンドをもつ『聖書』の全貌を扱うことは確かに難しい仕事ではありますが、本書は、主にドイツ語を軸にして「『聖書』の世界」を垣間見る手助けができればという思いから編まれることになりました。『聖書』については、英語関係では少なからぬ数の書物がすでに出版され、また活用もされています。そこにドイツ語から見た『聖書』への理解を加えることは、ヨーロッパとキリスト教を考えるうえで少なからず果たせる役割があると思い、本書の執筆を決意致しました。プロテスタント誕生のきっかけとなったルターを当時の原語でそのまま読解するのは困難としても、現代語訳を添えかつ注釈を頼りにアクセスする作業は有意義であるのはもちろんのこと、また楽しくもあるでしょう。まずは親しみやすさ・理解しやすさを考え『聖書』の抜粋箇所はなるべく有名な部分、よく知られている箇所を厳選することとしました。そして、語学的注解はもちろん、必要に応じて神学の基礎的知識も付け加えましたので、ドイツ語にもキリスト教にも少しの知識しかないとお考えの方にも利用しやすいように心がけました。

　まず最初に『聖書』の構成について紹介しましょう。聖書はかたちとしては1冊の書物ですが、実はいくつものテキストが収録されています。どんな文書が、なぜ、いつ『聖書』に収め

られるようになったのかという歴史を研究する学問分野もあるほどです。そもそも『聖書』の諸文書が正典化していくプロセスそのものが文化史であると言ってもいいくらいですが、最終的に、『旧約聖書』・『新約聖書』に採られたテキスト群は次のとおりです。

『旧約聖書』（原典：ヘブライ語）39文書[(4)]
　律法（モーセ5書）：創世記・出エジプト記・レビ記・民数記・申命記
　歴史：ヨシュア記・士師記・ルツ記・サムエル記（上下）・列王記（上下）・歴代誌（上下）・エズラ記・エヘミア記・エステル記
　預言：イザヤ・エレミア・エゼキエル・ホセア・ヨエル・アモス・オバデヤ・ヨナ・ミカ・ナホム・ハバクク・ゼパニア・ハガイ・ザカリア・マラキ
　諸書：ヨブ記・箴言・コヘレトの言葉・詩篇・雅歌・哀歌・ダニエル書

『新約聖書』（原典：ギリシア語）27文書
　福音書：マタイ・マルコ・ルカ・ヨハネ
　使徒言行録
　書簡：ローマ・コリント1/2・ガラテア・エペソ・ピリピ・コロサイ・テサロニケ1/2・テモテ1/2・テトス・ピレモン・ヘブライ・ヤコブ・ペトロ1/2・ヨハネ1/2/3・ユダ
　ヨハネ黙示録

『旧約聖書』と『新約聖書』の関係、あるいはユダヤ人の文化史的背景、『新約聖書』の成立事情など、神学・聖書学が対象とする研究領域は幅広く、先行研究には長い歴史があります。これらの諸問題については、それぞれにつき数多くの専門文献があります。

　本書は聖書学の本ではないので、すべての正典を網羅的に扱うものではありません。上記の全体像を踏まえたうえで、個々の『聖書』のことばをドイツ語を軸に味読することを主眼としています。それでは、早速、本題に入っていきましょう。

序

　日本ではもっぱらローマ字の考案者として知られるヘボン（James Curtis Hepburn, 原音どおりならヘップバーン）が来日したのは1858年の開国直後、まだ江戸時代のことであった。実は、このヘボンはアメリカ長老教会・外国伝道局の宣教師であり、日本キリスト教史上、大きな貢献をなした人物であった。彼は仲間に呼びかけ『聖書』翻訳事業を開始したのである。ヘボンのように、日本に来た初期の宣教師たちが伝道を始めながら同時に行った仕事は『聖書』を日本語に訳すことであった。ヘボンも日本語を学び医療奉仕をしながら、同時に日本の人びとに神の愛を伝えた。福音を人びとに理解できる言葉で伝えるためにはどうしても『聖書』を日本語に訳す必要を感じたヘボンは、その翻訳事業に専念、この仕事を完成させた。このヘボン訳は実は漢訳『聖書』からの転訳だったと言われているが、実際、当初、宣教師たちは漢訳されたキリスト教の書籍を持ち込んで密かに布教に努めていたのであった。と言うのも、日本の教養人は、ちょうど西洋人がラテン語を読むのと同じように苦もなく漢訳『聖書』を読むことができると考えられていたからである。かくしてヘボンの訳した『聖書』は次の引用に見られるように、漢文直訳調を避け、人びとにわかりやすいようにしながら、それでいて文語の格調を失わない工夫がなされた翻訳であった。

ヘボン『新約聖書』「ヨハネ伝」(1:1-4) 1872年訳
元始に言霊あり　言霊は神とともにあり　言霊ハ神なり。
この言霊ハはじめに神とともにあり。よろづのものこれ
にてなれり　なりしものハこれにあらでひとつとしてな
りしものハなし。これに生ありし　いのちは人のひかり
なりし。

Im Anfang war das Wort, und das Wort war bei Gott, und
Gott war das Wort. Dasselbe war im Anfang bei Gott. Alle
Dinge sind durch dasselbe gemacht, und ohne dasselbe ist
nichts gemacht, was gemacht ist. In ihm war das Leben, und
das Leben war das Licht der Menschen.[12]

　さて、同一テキストにつき、さまざまな時代のドイツ語文書
を対象として見定めることによって、さまざまなレベルでのド
イツ語の発達のプロセス・方向性を見て取ることができる。発
音や正書法はもちろんのこと、言語学的には屈折・造語法・統
語法といった専門的な言語現象を調べるテキストとしても貴重
である。また、相互のテキストの比較から、古高ドイツ語・中
高ドイツ語・初期新高ドイツ語の変化を跡付けるといった言語
の歴史的な研究も可能となる。[13]

　「天にましします我らの父よ。願わくは御名をあがめさせた
　まえ。御国を来たらせたまえ。御心の天になる如く、地にも
　なさせたまえ」

9 世紀：

Fater unser, thu in himilom bist, giuuihit si namo thin. Quaeme richi thin. Uuerdhe uuilleo thin, sama so in himile endi in erthu.
（Weißeburger Katechismus）

11 世紀：

Fater unser dû in himile bist. Dîn namo uuerde geheîligot. (…) Dîn rîche chome. (…) Dîn uuillo gescéhe in erdo fone menniscon, also in himile fone angelis.
（Notker der Deutsche, 1022 年）

12 世紀：

vater, du dir in den himelen bist,

geheiligit werde der name din.

(…)

herre, zuo chome din riche,

(…)

din wille hie in erde

sam da in himile werde

（Auslegung des Vaterunsers）

16 世紀：

VNser Vater in dem Himel. Dein Name werde geheiliget. Dein Reich kome. Dein Wille geschehe/ auff Erden/ wie im Himel.
（Martin Luther, 1545 年）

現代ドイツ語の視点から見ると 16 世紀のテキストはかろう

じて分かるが、12世紀以前のテキストは解読はほとんど無理であろう。このように、ことばは時間と共に推移する。どの言語もそうであり、英語とてもちろん例外ではない。私たちが普段、見慣れているような英語のテキストも、今から1000年も遡ればそれを理解するのは一苦労である。幸い『聖書』は同じ趣旨の内容が語られ続けているわけではあるけれども、それでも時間の経過と共にことばはこんなにも変容するものであるということを実感する（ただ同時に読者の方々は16世紀の『ルター訳聖書』が、現代ドイツ語の知識だけで、ある程度は理解できることに気がつくであろう）。以下に英語のサンプルを示してみよう。英語でもやはり17世紀頃のテキストは、現代語からの視点でも、ある程度は理解できることを確認できるだろう。

「天にまします我らの父よ。願わくは御名をあがめさせたまえ。御国を来たらせたまえ。御心の天になる如く、地にもなさせたまえ」

古期英語 (995):
Fæder ūre, þū þe eart on heofonum: sī þīn nama gehālgod, Tobecume þīn rīce. Geweorþe þīn willa on eorþan swā swā on heofonum.

中期英語 (1389):
Oure fadir that art in hevenes, halwid be thi name. Thi kyngdom cumme to; be thi wille don as in heven and in erthe.

近代英語 (1611)[14]:

Our father, which art in heaven, hallowed be thy name. Thy kingdom come, thy will be done, on earth as it is in heaven.

現代英語 (1970):

Our father in heaven, thy name be hallowed; thy kingdom come, thy will be done, on earth as in heaven.

もちろん、英語『聖書』の背景にラテン語『聖書』があることは確かである。古い時代の英語訳ほどラテン語からの影響が大きいものと捉えてほぼ間違いない。5世紀にローマ教会の教父であった聖ヒエロニムスが当時としてはかなり徹底した新・旧約『聖書』のラテン語翻訳改訂を行い、それはラテン語標準訳「ウルガタ」(Vulgata) と呼ばれカトリック教会唯一の公認『聖書』として長く西方教会で権威をもった。他言語への『聖書』翻訳が行われるときもこの「ウルガタ」から翻訳されて事実上の原典として扱われたのであった。

ラテン語

Sic ergo vos orabitis: Pater noster, qui es in caelis, sanctificetur nomen tuum, adveniat regnum tuum, fiat voluntas tua sicut in caelo et in terra.

「天にましまず我らの父よ。願わくは御名をあがめさせたまえ。御国を来たらせたまえ。御心の天になる如く、地にもなさせたまえ」

それではここで、『聖書』翻訳という大事業を世界的規模で振り返ってみよう。

　古く紀元前6世紀の「バビロン捕囚」頃からユダヤ民族が東方への離散を余儀なくされ（＝ディアスポラ διασπορά, diaspora）、あるいはその他のさまざまな機会に強制的であれ自発的であれパレスチナの外にユダヤ人が移り住むようになったことが、『聖書』が翻訳される端緒となっている。すなわち、広くヘレニズム世界に多くのユダヤ民族が居住することになると、もはや母語であるヘブライ語が十分に理解できないユダヤ人が増えてきたわけである。ヘレニズム時代・ローマ時代には各地のギリシア風都市にも進出し、その新しい土地に定着して二代目・三代目と代を重ねるごとに、むしろギリシア語を日常語とするユダヤ人がますます多くなってくる。こうした人びとのために、『旧約聖書』が「律法書」から始めて徐々にギリシア語に翻訳されるに至ったのであった（このギリシア語訳『聖書』は一般にセプトゥアギンタ Septuaginta『七十人訳聖書』と呼ばれている）。『新約聖書』の中には『旧約聖書』から引用する際、この訳を用いている場合が多い。パウロはヘブライ語も読めたようであるが、「書簡」では引用に際して一部このギリシア語訳『聖書』を用いている。パウロをはじめ当時の使徒たちが用いていた『旧約聖書』はもっぱらギリシア語訳の『聖書』であるため、この『七十人訳聖書』はキリスト教研究にとって極めて重要な『聖書』訳である。ちなみに、前述のヒエロニムスも旧約の翻訳の際にこの『七十人訳聖書』を参照している。

Köln大聖堂(現在)[15]

第1章

マタイ福音書
(Das Evangelium nach Matthäus)

「マタイによる福音書」（以下「マタイ」）は、『新約聖書』の最初の書物である。『旧約聖書』は、神の民が長い間、約束されていた王なるメシアを待ち望んでいるところで終わる。すなわち、神は約束された救い主について多くのことを自身の民（＝ユダヤ人）に語っていた。その救い主はダビデの家系から出ることや、救い主はどこで生まれる（＝ベツレヘム）のか等である。そして、「マタイ」は、イエスがその王であることを明らかにしている。「マタイ」は他の福音書の著者よりも多く『旧約聖書』のメシア預言を引用しており、「マタイ」にはそれらの預言がイエスによって成就されたことをユダヤ人に示そうという意図が込められている(16)。こうして、神の御子は天の住まいを去ってベツレヘムに御子として生まれたわけである(17)。「御子」は、神が『旧約聖書』の中で何度も約束したとおり、救い主となるべく地上に来られたのである(18)。

　イエスの生涯と伝道こそがイエスに関する「マタイ」の物語である。つまり、「救い主が来られる」と預言していた『旧約聖書』に対し、「救い主が来られた」と語るのが「マタイ」である。第1・2章でイエスの誕生と少年時代について述べられた後、第3章から第20章までイエスの教えと癒しの業を行ったことが語られている。本書で取り上げる第5章〜第7章では、イエスが山に登り、人びとに神を喜ばせる生活のしかたを教える（イエスが山上で弟子と群集に語った教えであるがゆえに「山上の垂訓」Bergpredigtと言われる）。祈りについても、どのように祈ればいいのか、その規範を示し、これは「主の祈り」と呼ばれている（第6章第9節〜第13節）。教えの中でも有名な部分は、出だし（「マタイ」第5章第3節〜10節）が「幸いなるかな(selig)」と8回繰り返される「幸福の説教（八福 Beatitudes）」で

あろう。あるいは、「地の塩」・「世の光」・「右の頬を打たれれば左の頬をも向けなさい」・「汝の敵を愛せよ」・「裁くな、裁かれないためである」・「何でも人にしてもらいたいと思うことを人にしなさい」（黄金律）、「狭き門より入れ」といったクリスチャンにとって中心的な教義が述べられており、これらは非常によく知られている。日本語の「豚に真珠」・「砂上の楼閣」といった言い回しは実は「マタイ」から取られているのである。[19]

さて、著者マタイはもとは取税人であり、すなわちローマの税金徴収者であった。多くは搾取を常習としていたので、一般の人びとからは侮蔑される対象となっていた。ただ、「ルカによる福音書」によると、マタイは崇敬の念をもってイエスに従うため一切を捨てたという。さらに伝承によれば、マタイは幾年かをパレスチナで宣教し、そのあと諸外国を旅行したらしい。彼は「マタイによる福音書」を最初へブライ語で書き、数年か後にギリシア語の福音書として世に出したという。彼は職業上、記録をとることに慣れていたであろうし、何よりイエスの公生涯の間に個人的なつながりがあったことが大きい。自分の目で見て自分の耳で聞いたことを記録したのである。[20]

以下、本書・第1章で扱うテキストは「山上の垂訓 Bergpredigt」として知られる「マタイの福音書」第5章～第7章である。[21]マタイは「山上の垂訓」をイエスの教えのエッセンスとみなしている。イエスのすべての伝道はこの「山上の垂訓」の説明であると言ってもいいくらいである。

本章では、まずドイツ語で『聖書』を読むのに慣れていただくため、文・句の単位で語句の注釈を加える体裁をとるゆえ、下記のとおり、敢えて日本語・ドイツ語を混交させる形でテキ

ストを提示した。この際のメリットは、日本語を優先して読んでもらい、大まかな文意を汲んでいただきやすい点にある。一方、ドイツ語『聖書』のテキストの語順がオリジナルどおりでないというデメリットが生じてしまう。そこで、サンプルによる例証のあと、本来のドイツ語テキストをありのままで示し（「マタイ」第5－7章）、その後に、語釈付きテキストを示したいと思う。

　サンプル例
見てもらおうとして　daß ihr von ihnen gesehen werdet,
人の前で善行をしないように daß ihr die nicht gebet vor den
　　　　　　　　　　　　　　　　　　　　　Leuten,
注意しなさい。Habt acht auf eure Almosen.
さもないと、あなたがたの天の父のもとで報いをいただけないことになる。
ihr habt anders keinen Lohn bei eurem Vater im Himmel.
（マタイ 6:1）

　本来のテキスト
Habt acht auf eure Almosen, daß ihr die nicht gebet vor den Leuten, daß ihr von ihnen gesehen werdet; ihr habt anders keinen Lohn bei eurem Vater im Himmel.
見てもらおうとして、人の前で善行をしないように注意しなさい。さもないと、あなたがたの天の父のもとで報いをいただけないことになる。（マタイ 6:1）

以下、上のテキストに適宜、語釈を付けながら、ドイツ語

『聖書』の語・文のつくりを見ていくことにする。

〈マタイ〉第5章

第1節〜第12節　　至上の祝福：幸福な人とは落胆したり悲嘆に満ちた人。心の貧しい人。精神的に意気消沈した人。憐れみ深い人。心の清い人。平和を愛する人。迫害された人。祝福とは現在の不幸な状態にあるのではなく未来の輝かしい報いにこそある。

第13節〜第16節　　地の塩・世の光であるキリスト者：イエスはこの世の腐敗を防ぐ者すなわち世の光である。

第17節〜第48節　　イエスと律法：イエスは律法を廃するためではなくそれを成就するために来た。例として次の5つが挙げられる、殺人（マタイ 5:21-26）・姦淫（マタイ 5:27-32）・誓い（マタイ 5:33-37）・復讐（マタイ 5:38-42）・敵を憎むこと（マタイ 5:43-48）。

◆「山上の垂訓 Bergpredigt」を始める

5:1 Da er aber das Volk sah, ging er auf einen Berg und setzte sich; und seine Jünger traten zu ihm,

イエスはこの群衆を見て Da er aber das Volk sah,
山に登られた ging er auf einen Berg
腰を下ろされると und setzte sich;
弟子たちが近くに寄って来た und seine Jünger traten zu ihm,

［注釈］er：イエスを指す。da によって導かれる副文（sah まで）でこの章が開始される。setzen：再帰代名詞（sich）を伴う用法（英：set）。

5:2 Und er tat seinen Mund auf, lehrte sie und sprach:

そこで、イエスは口を開き Und er tat seinen Mund auf,
教えられた。lehrte sie und sprach:

［注釈］lehren：「教える」対象は４格で表わされる。

◆幸い

マタイ５章の３〜12 節の八福（幸福の説教 Beatitudes）はここに記されているように字義どおり「〜のような人は幸いである」という言い回しが８回繰り返される。出だしが selig sind 〜 という文体で主語（複数形）が動詞の後におかれる倒置法でいわば強調語法である。実質的な主語は die Leute, die 〜「〜のような人びと」であるが、どの文（以下の３・４・６・８・10 節）も主語が省略された形式となっている（原文のギリシア語では＜ selig sind 〜＞の sind が省かれた構文になっている。こうした強調文では各個別言語の特性が出やすい）。この「幸福の説教」でいう幸福な人とは、落胆したり悲嘆に満ちた人・心の貧しい

人・精神的に意気消沈した人・憐れみ深い人・心の清い人・平和を愛する人・迫害された人たちのことである。イエスは天国に対する切望を増すあらゆる状態を祝福と考えていた。

5:3 Selig sind, die da geistlich arm sind; denn das Himmelreich ist ihr.

「心の貧しい人びとは、幸いである Selig sind, die da geistlich arm sind;
天の国はその人たちのものである denn das Himmelreich ist ihr.

［注釈］ihr の後には Himmelreich「天の国」が省かれている。「天の国」に近い意味の語に「神の国」・「御国(みくに)」がある（「マタイ」全体で計 37 回「天の国」という語が使われている）。denn：この後に理由が述べられる。

5:4 Selig sind, die da Leid tragen; denn sie sollen getröstet werden.

悲しむ人びとは、幸いである Selig sind, die da Leid tragen;
その人たちは慰められる。denn sie sollen getröstet werden.

［注釈］getröstet werden：trösten「慰める」の受動形。

5:5 Selig sind die Sanftmütigen; denn sie werden das Erdreich besitzen.

第1章 マタイ福音書　25

柔和な人びとは、幸いである Selig sind die Sanftmütigen;
その人たちは地を受け継ぐ。denn sie werden das Erdreich besitzen.

［注釈］die Sanftmütig-en：「〜のような人びと」の意で複数形（mut: 英 mood）。Erdreich：上の 5:3 の Himmelreich「天の国」の対。

5:6 Selig sind, die da hungert und dürstet nach der Gerechtigkeit; denn sie sollen satt werden.

義に飢え渇く人びとは、幸いである Selig sind, die da hungert und dürstet nach der Gerechtigkeit;
その人たちは満たされる。denn sie sollen satt werden.

［注釈］nach et.[3] で「〜を渇望する」（例：Hunger auf Kuchen haben「ケーキを食べたい」）。

5:7 Selig sind die Barmherzigen; denn sie werden Barmherzigkeit erlangen.

憐れみ深い人びとは、幸いである Selig sind die Barmherzigen;
その人たちは憐れみを受ける。denn sie werden Barmherzigkeit erlangen.

5:8 Selig sind, die reines Herzens sind; denn sie werden Gott schauen.

心の清い人びとは、幸いである Selig sind, die reines Herzens
sind;
その人たちは神を見る。denn sie werden Gott schauen.

［注釈］Herz：この語は弱変化名詞で、ここでは単数２格。sein と共に用いられ「〜という性質の」の意。

5:9 Selig sind die Friedfertigen; denn sie werden Gottes Kinder heißen.

平和を実現する人びとは、幸いである Selig sind die Friedfertigen;
その人たちは神の子と呼ばれる。denn sie werden Gottes Kinder
heißen.

［注釈］Frieden「平和」はできあがっているものではなく造り出すべきもの（「詩篇」34:14 を参照のこと）。

5:10 Selig sind, die um Gerechtigkeit willen verfolgt werden; denn das Himmelreich ist ihr.

義のために迫害される人びとは、幸いである
Selig sind, die um Gerechtigkeit willen verfolgt werden;
天の国はその人たちのものである。denn das Himmelreich ist
ihr.

［注釈］um ~ willen：「〜のために（理由）」。5:3 と同じく、ihr

の後には Himmelreich「天の国」が省かれている。

5:11 Selig seid ihr, wenn euch die Menschen um meinetwillen schmähen und verfolgen und reden allerlei Übles gegen euch, so sie daran lügen.

わたしのためにののしられ、迫害され wenn euch die Menschen um meinetwillen schmähen und verfolgen
身に覚えのないことであらゆる悪口を浴びせられるとき und reden allerlei Übles gegen euch, so sie daran lügen.
あなたがたは幸いである。Selig seid ihr,

［注釈］euch die Menschen：「あなたたちを（4格）人びとが（1格）」。um meinetwillen：「私のために（5:10参照）」。sie daran「彼ら（＝人びと）がそれゆえ（迫害したり悪口を言ったりしないと）」。

5:12 Seid fröhlich und getrost; es wird euch im Himmel wohl belohnt werden. Denn also haben sie verfolgt die Propheten, die vor euch gewesen sind.

喜びなさい、大いに喜びなさい Seid fröhlich und getrost;
天には大きな報いがある。es wird euch im Himmel wohl belohnt werden.
あなたがたより前の預言者たちも die vor euch gewesen sind.
同じように迫害されたのである。Denn also haben sie verfolgt die Propheten.

［注釈］Seid：sein の命令形。wird：wohl「たぶん」と共に用いられ推量を表わす。euch：「あなたたちに」。belohnt werden：belohnen「報いる」の受動形。die vor euch gewesen sind：die Propheten「預言者」にかかる関係文（vor euch は時間的な意味で「あなたがたの前に」）。sie：「人びとが（１格）」（haben verfolgt「迫害した」の主語）。

◆地の塩・世の光

5:13 Ihr seid das Salz der Erde. Wo nun das Salz dumm wird, womit soll man's salzen? Es ist hinfort zu nichts nütze, denn das man es hinausschütte und lasse es die Leute zertreten.

「あなたがたは地の塩である Ihr seid das Salz der Erde.
だが、塩に塩気がなくなれば Wo nun das Salz dumm wird,
その塩は何によって塩味が付けられよう womit soll man's salzen?
もはや、何の役にも立たず Es ist hinfort zu nichts nütze,
外に投げ捨てられ denn das man es hinausschütte
人びとに踏みつけられるだけである。und lasse es die Leute zertreten.

［注釈］dumm：ここでは kraftlos「力ない」の意。man's: man es の略で es は前出の das Salz を指す。hinfort：「今後」（やや雅語的）。zu et.^{3} + nütze sein で「〜の役に立つ」。denn das：(es sei) denn dass の用法で「〜の場合を除いては」の意。hinausschütte および lasse は接続法Ｉ式。

第１章　マタイ福音書　29

5:14 Ihr seid das Licht der Welt. Es kann die Stadt, die auf einem Berge liegt, nicht verborgen sein.

あなたがたは世の光である Ihr seid das Licht der Welt.
山の上にある町は、隠れることができない。Es kann die Stadt, die auf einem Berge liegt, nicht verborgen sein.

［注釈］es：文頭に立つ仮主語（真主語は die Stadt）。verborgen sein：verbergen の（状態）受動。

5:15 Man zündet auch nicht ein Licht an und setzt es unter einen Scheffel, sondern auf einen Leuchter; so leuchtet es denn allen, die im Hause sind.

また、ともし火をともして升の下に置く者はいない Man zündet auch nicht ein Licht an und setzt es unter einen Scheffel,
燭台の上に置く sondern auf einen Leuchter;
そうすれば、家の中のものすべてを照らすのである。
so leuchtet es denn allen, die im Hause sind.

［注釈］nicht ~ sondern － :「～ではなく―」。allen :「すべての人」（複数3格）。

5:16 Also laßt euer Licht leuchten vor den Leuten, daß sie eure guten Werke sehen und euren Vater im Himmel preisen.

そのように、あなたがたの光を人びとの前に輝かしなさい
Also laßt euer Licht leuchten vor den Leuten,
人びとが、あなたがたの立派な行いを見て daß sie eure guten Werke sehen
あなたがたの天の父をあがめるようになるためである。
und euren Vater im Himmel preisen.

　［注釈］leuchten が vor den Leuten に前置されているが、通例、動詞 leuchten は文末におかれる。daß：so daß「〜するように（目的）」の意（今日の正書法では dass と表記されるが、旧正書法では daß である。なお、ルターの時代にはまだ書記法そのものに揺れがあった）。

◆律法について
5:17　Ihr sollt nicht wähnen, daß ich gekommen bin, das Gesetz oder die Propheten aufzulösen; ich bin nicht gekommen, aufzulösen, sondern zu erfüllen.

「わたしが来たのは daß ich gekommen bin,
律法や預言者を廃止するためだと das Gesetz oder die Propheten
　　　　　　　　　　　　　　　　　　　aufzulösen;
思ってはならない Ihr sollt nicht wähnen,
廃止するためではなく ich bin nicht gekommen, aufzulösen,
完成するためである。sondern zu erfüllen.

　［注釈］daß 文（daß 〜 bin）は動詞 wähnen「思い込む」の目的語。nicht 〜 sondern −：「〜ではなく—」。aufzulösen および zu erfüllen の zu は um ~ zu − 「~するために（目的）」の用法。

5:18 Denn ich sage euch wahrlich: Bis daß Himmel und Erde zergehe, wird nicht zergehen der kleinste Buchstabe noch ein Tüttel vom Gesetz, bis daß es alles geschehe.

はっきり言っておく Denn ich sage euch wahrlich:
すべてのことが実現し bis daß es alles geschehe.
天地が消えうせるまで bis daß Himmel und Erde zergehe,
律法の文字から一点一画も消え去ることはない wird nicht zergehen der kleinste Buchstabe noch ein Tüttel vom Gesetz,

　［注釈］es：仮主語（真主語は alles）。geschehe および zergehe は接続法Ⅰ式（間接話法）。動詞 zergehen が主語に前置されているが、通例、動詞は文末におかれる。noch：weder ~ noch −：「~も―もない」。

5:19 Wer nun eines von diesen kleinsten Geboten auflöst und lehrt die Leute also, der wird der Kleinste heißen im Himmelreich; wer es aber tut und lehrt, der wird groß heißen im Himmelreich.

　だから、これらの最も小さな掟を一つでも破り
　Wer nun eines von diesen kleinsten Geboten auflöst
　そうするようにと人に教える者は und lehrt die Leute also,
　天の国で最も小さい者と呼ばれる der wird der Kleinste heißen
　　　　　　　　　　　　　　　　　　im Himmelreich;
　しかし、それを守り、そうするように教える者は

wer es aber tut und lehrt,
天の国で大いなる者と呼ばれる。der wird groß heißen im Himmelreich.

［注釈］also：so「そのように」の意。Wer ~ der -- : 不定関係代名詞の用法で「~する人は誰でも」の意。

5:20 Denn ich sage euch: Es sei denn eure Gerechtigkeit besser als der Schriftgelehrten und Pharisäer, so werdet ihr nicht in das Himmelreich kommen.

言っておくが Denn ich sage euch:
あなたがたの義が律法学者やファリサイ派の人びとの義にまさっていなければ Es sei denn eure Gerechtigkeit besser als der Schriftgelehrten und Pharisäer,
あなたがたは決して天の国に入ることができない。
so werdet ihr nicht in das Himmelreich kommen.

［注釈］Denn ich sage euch：ギリシア語のテキスト（$Λεγω γαρ$）に即した文体になっている。es sei denn：「~でない限り」。der Schriftgelehrten und Pharisäer「律法学者やファリサイ派の人びと」は複数２格で、直前に die Gerechtigkeit「義」が省略されている。

◆腹を立ててはならない
5:21 Ihr habt gehört, daß zu den Alten gesagt ist: „Du sollst nicht töten; wer aber tötet, der soll des Gerichts schuldig sein."

あなたがたも聞いているとおり Ihr habt gehört,
昔の人に対して（次のように）言われた daß zu den Alten
　　　　　　　　　　　　　　　　　　　gesagt ist:
「殺すな "Du sollst nicht töten;
人を殺した者は wer aber tötet,
裁きを受けると命じられている」
der soll des Gerichts schuldig sein."

　[注釈] et.[2] + schuldig：「〜の罪を犯している」。

5:22 Ich aber sage euch: Wer mit seinem Bruder zürnet, der ist des Gerichts schuldig; wer aber zu seinem Bruder sagt: Racha! der ist des Rats schuldig; wer aber sagt: Du Narr! der ist des höllischen Feuers schuldig.

しかし、わたしは言っておく Ich aber sage euch:
兄弟に腹を立てる者はだれでも Wer mit seinem Bruder zürnet,
裁きを受ける der ist des Gerichts schuldig;
兄弟に「ばか」と言う者は。wer aber zu seinem Bruder sagt:
　　　　　　　　　　　　　　Racha!
最高法院に引き渡され der ist des Rats schuldig;
「愚か者」と言う者は wer aber sagt: Du Narr!
火の地獄に投げ込まれる。der ist des höllischen Feuers schuldig.

　[注釈] Ich aber sage euch：ギリシア語のテキスト（$εγω\ δε\ λεγω\ υμιν$）に即した文体になっている。

5:23 Darum, wenn du deine Gabe auf dem Altar opferst und wirst allda eingedenk, daß dein Bruder etwas wider dich habe,

だから Darum,
あなたが祭壇に供え物を献げようとし wenn du deine Gabe auf dem Altar opferst
兄弟が自分に反感を持っているのを daß dein Bruder etwas wider dich habe,
そこで思い出したなら und wirst allda eingedenk,

［注釈］wider ＋ et.[4]：「～に反して」。eingedenk：「心に留めて」（雅語）。allda：da「その場で」（空間指示）の強調形。

5:24 so laß allda vor dem Altar deine Gabe und gehe zuvor hin und versöhne dich mit deinem Bruder, und alsdann komm und opfere deine Gabe.

その供え物を祭壇の前に置き so laß allda vor dem Altar deine Gabe
まず行って und gehe zuvor hin
兄弟と仲直りをし und versöhne dich mit deinem Bruder,
それから帰って来て und alsdann komm
供え物を献げなさい。und opfere deine Gabe.

［注釈］alsdann：「それから」（雅語）。

5:25 Sei willfährig deinem Widersacher bald, dieweil du noch bei ihm auf dem Wege bist, auf daß dich der Widersacher nicht dermaleinst überantworte dem Richter, und der Richter überantworte dich dem Diener, und wirst in den Kerker geworfen.

あなたを訴える人と一緒に道を行く場合 dieweil du noch bei ihm auf dem Wege bist,
途中で早く和解しなさい Sei willfährig deinem Widersacher bald,
さもないと、その人はあなたを裁判官に引き渡し auf daß dich der Widersacher nicht dermaleinst überantworte dem Richter,
裁判官は下役に引き渡し und der Richter überantworte dich dem Diener,
あなたは牢に投げ込まれるにちがいない und wirst in den Kerker geworfen.

　［注釈］dieweil = während「〜する間」。auf daß:「〜するために」。dermaleinst = dereinst「将来いつか」（雅語）。

5:26 Ich sage dir wahrlich: Du wirst nicht von dannen herauskommen, bis du auch den letzten Heller bezahlest.

はっきり言っておく Ich sage dir wahrlich:
最後の1クァドランスを返すまで bis du auch den letzten Heller bezahlest.
決してそこから出ることはできない Du wirst nicht von dannen herauskommen,

［注釈］Ich sage dir wahrlich：ギリシア語のテキスト（αμην λεγω σοι）に即した文体になっている。Heller：「ヘラー（ドイツの昔の少額銅貨。1/2 Pfennig に相当）」。

◆姦淫してはならない

5:27 Ihr habt gehört, daß zu den Alten gesagt ist: „Du sollst nicht ehebrechen."

あなたがたも聞いているとおり Ihr habt gehört,
「姦淫するな」"Du sollst nicht ehebrechen."
と命じられている daß zu den Alten gesagt ist:

［注釈］die Ehe brechen：「姦通する（もともと「婚姻を破る」の意）」。

5:28 Ich aber sage euch: Wer ein Weib ansieht, ihrer zu begehren, der hat schon mit ihr die Ehe gebrochen in seinem Herzen.

しかし、わたしは言っておく Ich aber sage euch:
みだらな思いで他人の妻を見る者はだれでも
Wer ein Weib ansieht, ihrer zu begehren,
すでに心の中でその女を犯したのである。der hat schon mit ihr die Ehe gebrochen in seinem Herzen.

［注釈］Ich aber sage euch：ギリシア語のテキスト（εγω δε λεγω υμιν）に即した文体になっている。et.[2] + begehren：「欲する」。

第1章　マタイ福音書　37

5:29 Ärgert dich aber dein rechtes Auge, so reiß es aus und wirf's von dir. Es ist dir besser, daß eins deiner Glieder verderbe, und nicht der ganze Leib in die Hölle geworfen werde.

もし右の目があなたをつまずかせるなら Ärgert dich aber dein rechtes Auge,
えぐり出して捨ててしまいなさい。so reiß es aus und wirf's von dir.
体の一部がなくなっても daß eins deiner Glieder verderbe,
全身が地獄に投げ込まれないほうが und nicht der ganze Leib in die Hölle geworfen werde
ましである。Es ist dir besser.

[注釈] wirf's < wirfe es「それを投げろ（命令形）」。verderbe「だめになる」および geworfen werde「投げられる」は共に可能性を意味する接続法。

5:30 Ärgert dich deine rechte Hand, so haue sie ab und wirf sie von dir. Es ist dir besser, daß eins deiner Glieder verderbe, und nicht der ganze Leib in die Hölle geworfen werde.

もし右の手があなたをつまずかせるなら Ärgert dich deine rechte Hand,
切り取って捨ててしまいなさい。so haue sie ab und wirf sie von dir.
体の一部がなくなっても daß eins deiner Glieder verderbe,

全身が地獄に落ちないほうが und nicht der ganze Leib in die Hölle geworfen werde
ましである。Es ist dir besser.

◆離縁してはならない

5:31 Es ist auch gesagt: „Wer sich von seinem Weibe scheidet, der soll ihr geben einen Scheidebrief."

「妻を離縁する者は "Wer sich von seinem Weibe scheidet,
離縁状を渡せ」der soll ihr geben einen Scheidebrief."
と命じられている Es ist auch gesagt:

［注釈］本来的には soll 〜 geben と枠構造が形成されるところである。

5:32 Ich aber sage euch: Wer sich von seinem Weibe scheidet (es sei denn um Ehebruch), der macht, daß sie die Ehe bricht; und wer eine Abgeschiedene freit, der bricht die Ehe.

しかし、わたしは言っておく Ich aber sage euch:
不法な結婚でもないのに妻を離縁する者はだれでも
Wer sich von seinem Weibe scheidet (es sei denn um Ehebruch),
その女に姦通の罪を犯させることになる der macht, daß sie die Ehe bricht;
離縁された女を妻にする者も und wer eine Abgeschiedene freit,
姦通の罪を犯すことになる。der bricht die Ehe.

［注釈］Ich aber sage euch：ギリシア語のテキスト（εγω δε λεγω υμιν）に即した文体になっている。es sei denn 〜：「〜の場合を除いて」。um Ehebruch：「離婚のために（理由）」（< die Ehe brechen「婚姻を破る」）。die Ehe brechen：「姦通する」。abgeschieden < abscheiden「分離する」。freien：「結婚する」（今日まれな用法。中世の低地独語より）。

◆誓ってはならない

5:33 Ihr habt weiter gehört, daß zu den Alten gesagt ist: „Du sollst keinen falschen Eid tun und sollst Gott deinen Eid halten."

また、あなたがたも聞いているとおり Ihr habt weiter gehört,
昔の人は daß zu den Alten gesagt ist:
「偽りの誓いを立てるな "Du sollst keinen falschen Eid tun.
主に対して誓ったことは必ず果たせ」と命じられている。
und sollst Gott deinen Eid halten."

［注釈］Gott：「神に」（3格）。

5:34 Ich aber sage euch, daß ihr überhaupt nicht schwören sollt, weder bei dem Himmel, denn er ist Gottes Stuhl,

しかし、わたしは言っておく Ich aber sage euch,
一切誓いを立ててはならない daß ihr überhaupt nicht schwören sollt,
天にかけて誓ってはならない weder bei dem Himmel,
そこは神の玉座である denn er ist Gottes Stuhl,

［注釈］Ich aber sage euch：ギリシア語のテキスト（εγω δε λεγω υμιν）に即した文体になっている。weder：「～でもない」（通常 noch と共に）。

5:35 noch bei der Erde, denn sie ist seiner Füße Schemel, noch bei Jerusalem, denn sie ist des großen Königs Stadt.

地にかけて誓ってはならない noch bei der Erde,
そこは神の足台である denn sie ist seiner Füße Schemel,
エルサレムにかけて誓ってはならない noch bei Jerusalem,
そこは大王の都である。denn sie ist des großen Königs Stadt.

［注釈］noch：先ほどの weder を受けて「～でもない」。Schemel：「いす」、seiner Füße「神の足の」を受ける。

5:36 Auch sollst du nicht bei deinem Haupt schwören, denn du vermagst nicht ein einziges Haar schwarz oder weiß zu machen.

また、あなたの頭にかけて誓ってはならない Auch sollst du nicht bei deinem Haupt schwören,
髪の毛一本すら denn du vermagst nicht ein einziges Haar
あなたは白くも黒くもできないからである。schwarz oder weiß zu machen.

［注釈］vermögen：zu 不定詞と共に用いられ können「～できる」

第1章 マタイ福音書 41

の意。

5:37 Eure Rede aber sei: Ja, ja; nein, nein. Was darüber ist, das ist vom Übel.

あなたがたは、「然り、然り」「否、否」と言いなさい
Eure Rede aber sei: Ja, ja; nein, nein.
それ以上のことは Was darüber ist,
悪い者から出るのである。das ist vom Übel.

［注釈］sei：接続法第Ⅰ式。

◆復讐してはならない
5:38 Ihr habt gehört, daß da gesagt ist: „Auge um Auge, Zahn um Zahn."

あなたがたも聞いているとおり Ihr habt gehört,
「目には目を "Auge um Auge,
歯には歯を」Zahn um Zahn."
と命じられている daß da gesagt ist:

5:39 Ich aber sage euch, daß ihr nicht widerstreben sollt dem Übel; sondern, so dir jemand einen Streich gibt auf deinen rechten Backen, dem biete den andern auch dar.

しかし、わたしは言っておく Ich aber sage euch,
悪人に手向かってはならない daß ihr nicht widerstreben sollt

　　　　　　　　　　　　　　　dem Übel;

だれかがあなたの右の頬を打つなら sondern, so dir jemand einen Streich gibt auf deinen rechten Backen,

左の頬をも向けなさい。dem biete den andern auch dar.

　［注釈］Ich aber sage euch：ギリシア語のテキスト（$εγω\ δε\ λεγω\ υμιν$）に即した文体になっている。nicht ~ sondern －：「〜ではなく—」。dem Übel「悪人に」および auf deinen rechten Backen「右の頬に」は枠外配置になっている。dem：「その人に」。den andern：Backen が略されている（「もう片方の左の頬を」の意）。

5:40 Und so jemand mit dir rechten will und deinen Rock nehmen, dem laß auch den Mantel.

あなたを訴えて Und so jemand mit dir rechten will
下着を取ろうとする者には und deinen Rock nehmen,
上着をも取らせなさい。dem laß auch den Mantel.

　［注釈］dem：「その人に（3格）」。

5:41 Und so dich jemand nötigt eine Meile, so gehe mit ihm zwei.

だれかが、1ミリオン行くように強いるなら
Und so dich jemand nötigt eine Meile,
一緒に2ミリオン行きなさい。so gehe mit ihm zwei.

　［注釈］Meile：距離の単位（約 1600 m）。nötigen：jn. et.[4] nötigen

第1章　マタイ福音書　43

「人（4格）に物（4格）を強いる」。

5:42 Gib dem, der dich bittet, und wende dich nicht von dem, der dir abborgen will.

求める者には与えなさい Gib dem, der dich bittet,
あなたから借りようとする者に der dir abborgen will.
背を向けてはならない。und wende dich nicht von dem.

［注釈］abborgen：jm. et.[4] abborgen「人（3格、奪格的用法）から物（4格）をせびって借りる」。

◆敵を愛しなさい

5:43 Ihr habt gehört, daß gesagt ist: „Du sollst deinen Nächsten lieben und deinen Feind hassen."

あなたがたも聞いているとおり Ihr habt gehört,
「隣人を愛し „Du sollst deinen Nächsten lieben
敵を憎め」und deinen Feind hassen."
と命じられている。daß gesagt ist.

5:44 Ich aber sage euch: Liebet eure Feinde; segnet, die euch fluchen; tut wohl denen, die euch hassen; bittet für die, so euch beleidigen und verfolgen,

しかし、わたしは言っておく Ich aber sage euch:
敵を愛し Liebet eure Feinde;

自分を迫害する者のために祈りなさい。bittet für die, so euch beleidigen und verfolgen.

　［注釈］beleidigen「侮辱する」, verfolgen「迫害する」。die = die Leute, die で、先行詞を含む関係代名詞。

5:45 auf daß ihr Kinder seid eures Vater im Himmel; denn er läßt seine Sonne aufgehen über die Bösen und über die Guten und läßt regnen über Gerechte und Ungerechte.

あなたがたの天の父の子となるためである
auf daß ihr Kinder seid eures Vater im Himmel;
父は悪人にも善人にも über die Bösen und über die Guten
太陽を昇らせ denn er läßt seine Sonne aufgehen
正しい者にも正しくない者にも über Gerechte und Ungerechte
雨を降らせてくださるからである。und läßt regnen.

　［注釈］auf daß：「〜するために」。Kinder：（動詞を越えて）後ろから eures Vater「あなたがたの父の」に修飾される。

5:46 Denn so ihr liebet, die euch lieben, was werdet ihr für Lohn haben? Tun nicht dasselbe auch die Zöllner?

自分を愛してくれる人を愛したところで Denn so ihr liebet, die euch lieben,
あなたがたにどんな報いがあろうか。was werdet ihr für Lohn haben?

第1章　マタイ福音書　45

徴税人でも同じことをしているではないか。Tun nicht dasselbe auch die Zöllner?

［注釈］was für ~：「どんな～」。die = die Leute, die で、先行詞を含む関係代名詞。dasselbe「同じこと」が目的語で、die Zöllner「徴税人」が主語。

5:47 Und so ihr euch nur zu euren Brüdern freundlich tut, was tut ihr Sonderliches? Tun nicht die Heiden auch also?

自分の兄弟にだけ nur zu euren Brüdern
挨拶したところで Und so ihr euch freundlich tut,
どんな優れたことをしたことになろうか was tut ihr Sonderliches?
異邦人でさえ同じことをしているではないか。Tun nicht die Heiden auch also?

［注釈］sich⁴ tun：「（様態を示す語句と）振舞う」。Heide：異教徒（＝非キリスト教徒 Nichtchrist）とは当時の時代状況からすると異邦人とみなされる。尚『現代訳聖書』（尾山令仁 訳、¹⁰2004年、羊群社）では「神様を知らない人たち」となっている。

5:48 Darum sollt ihr vollkommen sein, gleichwie euer Vater im Himmel vollkommen ist.

だから Darum
あなたがたの天の父が完全であられるように gleichwie euer Vater im Himmel vollkommen ist

あなたがたも完全な者となりなさい。sollt ihr vollkommen sein.

〈マタイ〉第6章

＜概要＞

　主の祈りは、キリストが「祈るときはこう祈りなさい」と言って弟子たちに与えた祈禱文である。主だったキリスト教教派は主の祈りを正統な祈禱文として認めている。この「主の祈り」の文言は訳により、また教会の信仰上の問題により、教会や修道院・学校などによってさまざまである。下記の訳文は、プロテスタント系の讃美歌集の多くで用いられている文語訳の例である。

　　天にまします我らの父よ
　　願わくは
　　み名をあがめさせたまえ
　　み国を来たらせたまえ
　　み心の天に成る如く地にもなさせたまえ
　　我らの日用の糧を今日も与えたまえ
　　我らに罪を犯す者を我らが赦す如く我らの罪をも赦したまえ
　　我らを試みに遭わせず悪より救い出したまえ
　　国と力と栄えとは限りなく汝のものなればなり
　　アーメン

Unser Vater in dem Himmel! Dein Name werde geheiligt. Dein Reich komme. Dein Wille geschehe auf Erden wie im

Himmel.

Unser täglich Brot gib uns heute.

Und vergib uns unsere Schuld, wie wir unseren Schuldigern vergeben.

Und führe uns nicht in Versuchung, sondern erlöse uns von dem Übel.

Denn dein ist das Reich und die Kraft und die Herrlichkeit in Ewigkeit.

Amen.

第1節～第18節
　隠れた動機（マタイ 6:1-18）には3つの教えがある、施し（マタイ 6:2-4）・祈り（マタイ 6:5-15）・断食（マタイ 6:16-18）である。

第19節～第34節
　天に宝を。

◆施しをするときには

6:1 Habt acht auf eure Almosen, daß ihr die nicht gebet vor den Leuten, daß ihr von ihnen gesehen werdet; ihr habt anders keinen Lohn bei eurem Vater im Himmel.

見てもらおうとして daß ihr von ihnen gesehen werdet,
人の前で善行をしないように daß ihr die nicht gebet vor den Leuten,
注意しなさい Habt acht auf eure Almosen.

48

さもないと、あなたがたの天の父のもとで報いをいただけないことになる。ihr habt anders keinen Lohn bei eurem Vater im Himmel.

［注釈］die = Almosen「施し物」。

6:2 Wenn du Almosen gibst, sollst du nicht lassen vor dir posaunen, wie die Heuchler tun in den Schulen und auf den Gassen, auf daß sie von den Leuten gepriesen werden. Wahrlich ich sage euch: Sie haben ihren Lohn dahin.

だから、あなたは施しをするときには Wenn du Almosen gibst,
偽善者たちが人からほめられようと auf daß sie von den Leuten gepriesen werden.
会堂や街角でするように wie die Heuchler tun in den Schulen und auf den Gassen,
自分の前でラッパを吹き鳴らしてはならない sollst du nicht lassen vor dir posaunen,
はっきりあなたがたに言っておく。彼らはすでに報いを受けている。Wahrlich ich sage euch: Sie haben ihren Lohn dahin.

6:3 Wenn du aber Almosen gibst, so laß deine linke Hand nicht wissen, was die rechte tut,

施しをするときは Wenn du aber Almosen gibst,
右の手のすることを was die rechte tut,
左の手に知らせてはならない。so laß deine linke Hand nicht

wissen.

［注釈］was die rechte tut：wissen の目的語。

6:4 auf daß dein Almosen verborgen sei; und dein Vater, der in das Verborgene sieht, wird dir's vergelten öffentlich.

あなたの施しを人目につかせないためである
auf daß dein Almosen verborgen sei;
そうすれば、隠れたことを見ておられる父が
und dein Vater, der in das Verborgene sieht,
あなたに報いてくださる。wird dir's vergelten öffentlich.

［注釈］jm. et.[4] vergelten：「（～に－の）報いをする」。

◆祈るときには

6:5 Und wenn du betest, sollst du nicht sein wie die Heuchler, die da gerne stehen und beten in den Schulen und an den Ecken auf den Gassen, auf daß sie von den Leuten gesehen werden. Wahrlich ich sage euch: Sie haben ihren Lohn dahin.

祈るときにも Und wenn du betest,
あなたがたは偽善者のようであってはならない sollst du nicht sein wie die Heuchler,
偽善者たちは、人に見てもらおうと auf daß sie von den Leuten gesehen werden.
会堂や大通りの角に立って祈りたがる die da gerne stehen und

beten in den Schulen und an den Ecken auf den Gassen,
はっきり言っておく。彼らはすでに報いを受けている。
Wahrlich ich sage euch: Sie haben ihren Lohn dahin.

6:6 Wenn aber du betest, so gehe in dein Kämmerlein und schließ die Tür zu und bete zu deinem Vater im Verborgenen; und dein Vater, der in das Verborgene sieht, wird dir's vergelten öffentlich.

だから、あなたが祈るときは Wenn aber du betest,
奥まった自分の部屋に入って so gehe in dein Kämmerlein
戸を閉め und schließ die Tür zu,
隠れたところにおられるあなたの父に祈りなさい。
und bete zu deinem Vater im Verborgenen;
そうすれば、隠れたことを見ておられるあなたの父が
und dein Vater, der in das Verborgene sieht,
報いてくださる。wird dir's vergelten öffentlich.。

6:7 Und wenn ihr betet, sollt ihr nicht viel plappern wie die Heiden; denn sie meinen, sie werden erhört, wenn sie viel Worte machen.

また、あなたがたが祈るときは Und wenn ihr betet,
異邦人のようにくどくどと述べてはならない sollt ihr nicht viel plappern wie die Heiden;
異邦人は、言葉数が多ければ wenn sie viel Worte machen.
聞き入れられると思い込んでいる。denn sie meinen, sie werden erhört.

第 1 章　マタイ福音書　51

［注釈］plappern：「ぺらぺらしゃべる」（擬音）。Heide：異教徒（＝非キリスト教徒 Nichtchrist）とは当時の時代状況から異邦人と同義である。

6:8 Darum sollt ihr euch ihnen nicht gleichstellen. Euer Vater weiß, was ihr bedürfet, ehe ihr ihn bittet.

彼らのまねをしてはならない Darum sollt ihr euch ihnen nicht gleichstellen.
あなたがたの父は、願う前から ehe ihr ihn bittet.
あなたがたに必要なものをご存じなのだ。Euer Vater weiß, was ihr bedürfet.

［注釈］et.^{4}(jn.) et.^{3}(jm.) gleichstellen：「〜を−と同じとみなす」。

6:9 Darum sollt ihr also beten: Unser Vater in dem Himmel! Dein Name werde geheiligt.

だから、こう祈りなさい Darum sollt ihr also beten:
「天におられるわたしたちの父よ Unser Vater in dem Himmel!
御名が崇められますように。Dein Name werde geheiligt.

［注釈］werde：接続法Ⅰ式（要求話法）「〜であってもらいたい」。

6:10 Dein Reich komme. Dein Wille geschehe auf Erden wie im

Himmel.

御国が来ますように Dein Reich komme.
御心が行われますように Dein Wille geschehe,
天におけるように地の上にも auf Erden wie im Himmel.

［注釈］komme, geschehe：接続法Ⅰ式（要求話法）「〜であってもらいたい」。

6:11 Unser täglich Brot gib uns heute.

わたしたちに必要な糧を今日与えてください。
Unser täglich Brot gib uns heute.

6:12 Und vergib uns unsere Schuld, wie wir unseren Schuldigern vergeben.

わたしたちの負い目を赦してください Und vergib uns unsere Schuld,
わたしたちも自分に負い目のある人を赦しましたように。
wie wir unseren Schuldigern vergeben.

6:13 Und führ uns nicht in Versuchung, sondern erlöse uns von dem Übel. Denn dein ist das Reich und die Kraft und die Herrlichkeit in Ewigkeit. Amen.

わたしたちを誘惑に遭わせず Und führ uns nicht in Versuchung,

悪い者から救ってください。sondern erlöse uns von dem Übel.

［注釈］Versuchung：「誘惑」（このキーワードについては第4章の章末テキストで扱う）。

6:14 Denn so ihr den Menschen ihre Fehler vergebet, so wird euch euer himmlischer Vater auch vergeben,

もし人の過ちを赦すなら Denn so ihr den Menschen ihre Fehler vergebet,
あなたがたの天の父もあなたがたの過ちをお赦しになる。
so wird euch euer himmlischer Vater auch vergeben.

6:15 Wo ihr aber den Menschen ihre Fehler nicht vergebet, so wird euch euer Vater eure Fehler auch nicht vergeben.

しかし、もし人を赦さないなら Wo ihr aber den Menschen ihre Fehler nicht vergebet,
あなたがたの父もあなたがたの過ちをお赦しにならない。
so wird euch euer Vater eure Fehler auch nicht vergeben.

◆断食するときには

6:16 Wenn ihr fastet, sollt ihr nicht sauer sehen wie die Heuchler; denn sie verstellen ihr Angesicht, auf daß sie vor den Leuten scheinen mit ihrem Fasten. Wahrlich ich sage euch: Sie haben ihren Lohn dahin.

断食するときには Wenn ihr fastet,
あなたがたは偽善者のように沈んだ顔つきをしてはならない
sollt ihr nicht sauer sehen wie die Heuchler;
偽善者は、断食しているのを人に見てもらおうと
auf daß sie vor den Leuten scheinen mit ihrem Fasten.
顔を見苦しくする denn sie verstellen ihr Angesicht,
はっきり言っておく。Wahrlich ich sage euch:
彼らはすでに報いを受けている。Sie haben ihren Lohn dahin.

　［注釈］sauer：「酸っぱい、嫌な・つらい」。verstellen：「（意図的に）偽る」。Wahrlich ich sage euch：ギリシア語のテキスト（$\alpha\mu\eta\nu\ \lambda\varepsilon\gamma\omega\ \sigma\omicron\iota$）に即した文体になっている。

6:17 Wenn du aber fastest, so salbe dein Haupt und wasche dein Angesicht,

あなたは、断食するとき Wenn du aber fastest,
頭に油をつけ so salbe dein Haupt,
顔を洗いなさい。und wasche dein Angesicht.

6:18 auf daß du nicht scheinest vor den Leuten mit deinem Fasten, sondern vor deinem Vater, welcher verborgen ist; und dein Vater, der in das Verborgene sieht, wird dir's vergelten öffentlich.

それは、あなたの断食が人に気づかれず auf daß du nicht scheinest vor den Leuten mit deinem Fasten,

第 1 章　マタイ福音書

隠れたところにおられる welcher verborgen ist;
あなたの父に見ていただくためである sondern vor deinem Vater,
そうすれば、隠れたことを見ておられる der in das Verborgene sieht,
あなたの父が報いてくださる。und dein Vater, wird dir's vergelten öffentlich.

［注釈］welcher = der（男性単数主格の関係代名詞、先行詞は Vater）。der：関係代名詞（男性単数主格）、先行詞は Vater。

◆天に富を積みなさい

6:19 Ihr sollt euch nicht Schätze sammeln auf Erden, da sie die Motten und der Rost fressen und da die Diebe nachgraben und stehlen.

あなたがたは地上に富を積んではならない Ihr sollt euch nicht Schätze sammeln auf Erden,
そこでは、虫が食ったり da sie die Motten,
さび付いたりするし und der Rost fressen,
また、盗人が忍び込んで盗み出したりする。und da die Diebe nachgraben und stehlen.

［注釈］sie = Schätze「富」。

6:20 Sammelt euch aber Schätze im Himmel, da sie weder Motten noch Rost fressen und da die Diebe nicht nachgraben noch stehlen.

富は、天に積みなさい。Sammelt euch aber Schätze im Himmel,
そこでは、虫が食うことも、さび付くこともなく
da sie weder Motten noch Rost fressen,
また、盗人が忍び込むことも盗み出すこともない。
und da die Diebe nicht nachgraben noch stehlen.

　［注釈］weder ~ noch －：「～も―もない」。

6:21 Denn wo euer Schatz ist, da ist auch euer Herz.

あなたの富のあるところに Denn wo euer Schatz ist,
あなたの心もあるのだ。da ist auch euer Herz.

◆体のともし火は目
6:22 Das Auge ist des Leibes Licht. Wenn dein Auge einfältig ist, so wird dein ganzer Leib licht sein;

体のともし火は目である。Das Auge ist des Leibes Licht.
目が澄んでいれば Wenn dein Auge einfältig ist,
あなたの全身が明るいが so wird dein ganzer Leib licht sein;

　［注釈］einfältig：「純真な」。

6:23 ist aber dein Auge ein Schalk, so wird dein ganzer Leib finster sein. Wenn nun das Licht, das in dir ist, Finsternis ist, wie groß wird dann die Finsternis sein!

濁っていれば ist aber dein Auge ein Schalk,
全身が暗い、so wird dein ganzer Leib finster sein.
だから、あなたの中にある das in dir ist,
光が消えれば Wenn nun das Licht, Finsternis ist,
その暗さはどれほどであろう。wie groß wird dann die Finsternis sein!

［注釈］Schalk：「陰険・ふざけ」。das in dir ist：das Licht にかかる関係代名詞。

◆神と富

6:24 Niemand kann zwei Herren dienen: entweder er wird den einen hassen und den andern lieben, oder er wird dem einen anhangen und den andern verachten. Ihr könnt nicht Gott dienen und dem Mammon.

だれも、二人の主人に仕えることはできない。Niemand kann zwei Herren dienen:
一方を憎んで entweder er wird den einen hassen
他方を愛するか und den andern lieben,
一方に親しんで oder er wird dem einen anhangen
他方を軽んじるか、どちらかである und den andern verachten.
あなたがたは、神と富とに仕えることはできない。
Ihr könnt nicht Gott dienen und dem Mammon.

[注釈] Mammon：「マンモン（＝富と強欲の神）」。

◆思い悩むな

6:25 euch: Sorget nicht für euer Leben, was ihr essen und trinken werdet, auch nicht für euren Leib, was ihr anziehen werdet. Ist nicht das Leben mehr denn Speise? und der Leib mehr denn die Kleidung?

だから、言っておく Darum sage ich euch:
自分の命のことで für euer Leben,
何を食べようか何を飲もうかと was ihr essen und trinken werdet,
また自分の体のことで auch nicht für euren Leib,
何を着ようかと was ihr anziehen werdet.
思い悩むな Sorget nicht
命は食べ物よりも大切であり Ist nicht das Leben mehr denn Speise?
体は衣服よりも大切ではないか。 und der Leib mehr denn die Kleidung?

[注釈] Darum sage ich euch：ギリシア語のテキスト（$\Delta \iota \alpha\ \tau o \upsilon \tau o\ \lambda \varepsilon \gamma \omega\ \upsilon \mu \iota \nu$）に即した文体になっている。

6:26 Sehet die Vögel unter dem Himmel an: sie säen nicht, sie ernten nicht, sie sammeln nicht in die Scheunen; und euer himmlischer Vater nährt sie doch. Seid ihr denn nicht viel mehr denn sie?

空の鳥をよく見なさい Sehet die Vögel unter dem Himmel an:
種も蒔かず sie säen nicht,
刈り入れもせず sie ernten nicht,
倉に納めもしない sie sammeln nicht in die Scheunen;
だが、あなたがたの天の父は鳥を養ってくださる。
und euer himmlischer Vater nährt sie doch.
あなたがたは、鳥よりも価値あるものではないか。
Seid ihr denn nicht viel mehr denn sie?

　［注釈］unter dem Himmel：「創世記」で Himmel「天」のことをドイツ語の諸聖書（現代語）では、Feste「大空」あるいは Wölbung「丸天井」と形容している。ここでの unter の用法もこのイメージに基づくものであろう（本書の第5章「創世記」を参照）。denn：英語の than「〜よりも」の用法に近い。なお、小鳥に説教をしたと言われる聖フランシスコ（カトリックの聖人）もこの句に近い考え方をしている（聖フランシスコについての詳細は第3章末の「コラム」をご覧いただきたい）。

6:27 Wer ist aber unter euch, der seiner Länge eine Elle zusetzen möge, ob er gleich darum sorget?

あなたがたのうちだれが Wer ist aber unter euch,
思い悩んだからといって ob er gleich darum sorget?
寿命をわずかでも延ばすことができようか。der seiner Länge eine Elle zusetzen möge.

　［注釈］ob：gleich と共に譲歩文を導き「たとえ〜であるとして

も」の意。Elle：昔の尺度（1エレ = 50~80cm）。

6:28 Und warum sorget ihr für die Kleidung? Schaut die Lilien auf dem Felde, wie sie wachsen: sie arbeiten nicht, auch spinnen sie nicht.

なぜ、衣服のことで思い悩むのか。Und warum sorget ihr für die Kleidung?
野の花がどのように育つのか wie sie wachsen:
注意して見なさい Schaut die Lilien auf dem Felde,
働きもせず sie arbeiten nicht,
紡ぎもしない。auch spinnen sie nicht.

［注釈］Lilie：ユリ（野の花の代表として）。

6:29 Ich sage euch, daß auch Salomo in aller seiner Herrlichkeit nicht bekleidet gewesen ist wie derselben eins.

しかし、言っておく Ich sage euch,
栄華を極めたソロモンでさえ daß auch Salomo in aller seiner Herrlichkeit,
この花の一つほどにも着飾ってはいなかった。nicht bekleidet gewesen ist wie derselben eins.

［注釈］Salomo：ソロモン（ダビデ David の息子）、紀元前10世紀のイスラエルの王、知恵と栄華によって知られている。

6:30 So denn Gott das Gras auf dem Felde also kleidet, das doch heute steht und morgen in den Ofen geworfen wird: sollte er das nicht viel mehr euch tun, o ihr Kleingläubigen?

今日は生えていて、明日は炉に投げ込まれる das doch heute steht und morgen in den Ofen geworfen wird:
野の草でさえ、神はこのように装ってくださる。So denn Gott das Gras auf dem Felde also kleidet,
まして、あなたがたにはなおさらのことではないか sollte er das nicht viel mehr euch tun,
信仰の薄い者たちよ。o ihr Kleingläubigen?

　［注釈］kleingläubig：「信仰の薄い」、この語はラテン語の modicae fideî（これ自体、ギリシア語の oligó-pistos の翻訳借用）の翻訳借用。

6:31 Darum sollt ihr nicht sorgen und sagen: Was werden wir essen, was werden wir trinken, womit werden wir uns kleiden?

だから、「何を食べようか」Was werden wir essen,
「何を飲もうか」was werden wir trinken,
「何を着ようか」womit werden wir uns kleiden?
と言って、思い悩むな。Darum sollt ihr nicht sorgen und sagen:

6:32 Nach solchem allem trachten die Heiden. Denn euer himmlischer Vater weiß, daß ihr des alles bedürfet.

それはみな、異邦人が切に求めているものだ。
Nach solchem allem trachten die Heiden.
あなたがたの天の父は Denn euer himmlischer Vater weiß,
これらのものがみなあなたがたに必要なことをご存じである。
daß ihr des alles bedürfet.

　［注釈］Heide：異教徒（＝非キリスト教徒 Nichtchrist）とは当時、異邦人と同義とみなされる。nach et.³ trachten：「～を得ようと望む」。et.² bedürfen：「～を必要とする」。

6:33 Trachtet am ersten nach dem Reich Gottes und nach seiner Gerechtigkeit, so wird euch solches alles zufallen.

何よりもまず am ersten,
神の国と神の義を求めなさい Trachtet nach dem Reich Gottes und nach seiner Gerechtigkeit,
そうすれば、これらのものはみな加えて与えられる。
so wird euch solches alles zufallen.

　［注釈］am ersten：「まずもって」。

6:34 Darum sorgt nicht für den andern Morgen; denn der morgende Tag wird für das Seine sorgen. Es ist genug, daß ein jeglicher Tag seine eigene Plage habe.

だから、明日のことまで思い悩むな Darum sorgt nicht für den andern Morgen;

明日のことは明日自らが思い悩む denn der morgende Tag wird für das Seine sorgen.
その日の苦労は、その日だけで十分である。Es ist genug, daß ein jeglicher Tag seine eigene Plage habe.

［注釈］ander：am anderen Morgen (Tag) で「翌朝（翌日）に」の意。morgend：= morgig「明日の」。

〈マタイ〉第7章

第1節〜第5節　兄弟を裁くな
第6節　「豚に真珠」（マタイ 7:6）
第7節〜第11節　たゆまない祈り
第12節　「黄金律」（マタイ 7:12）
第13節〜第14節　「狭き門」（マタイ 7:13-14）
第15節〜第23節　偽預言者
第24節〜第27節　岩の上に建てられた家

◆人を裁くな

7:1 Richtet nicht, auf daß ihr nicht gerichtet werdet.

人を裁くな Richtet nicht,
あなたがたも裁かれないようにするためである。auf daß ihr nicht gerichtet werdet.

7:2 Denn mit welcherlei Gericht ihr richtet, werdet ihr gerichtet werden; und mit welcherlei Maß ihr messet, wird euch gemessen werden.

あなたがたは、自分の裁く裁きで Denn mit welcherlei Gericht
　　　　　　　　　　　　　　　　　　ihr richtet,
裁かれ werdet ihr gerichtet werden;
自分の量る秤で und mit welcherlei Maß ihr messet,
量り与えられる。wird euch gemessen werden.

　［注釈］welcherlei：「どんな種類の」（無変化）。

7:3 Was siehst du aber den Splitter in deines Bruders Auge, und wirst nicht gewahr des Balkens in deinem Auge?

あなたは、兄弟の目にある in deines Bruders Auge,
おが屑は見えるのに Was siehst du aber den Splitter,
なぜ自分の目の中の in deinem Auge?
丸太に気づかないのか。und wirst nicht gewahr des Balkens.

　［注釈］「他人の目にある塵は見るが自分の目にある梁は見ない」とは、他人のささいな欠点は見えるが自分の大きな欠点は見えないという意味である。et.[2]（js.）gewahr werden：「〜に気付く」。

7:4 Oder wie darfst du sagen zu deinem Bruder: Halt, ich will dir den Splitter aus deinem Auge ziehen, und siehe, ein Balken ist in deinem Auge?

第1章　マタイ福音書　65

兄弟に向かって zu deinem Bruder,
「あなたの目からおが屑を取らせてください」と
Halt, ich will dir den Splitter aus deinem Auge ziehen,
どうして言えようか Oder wie darfst du sagen:
自分の目に丸太があるではないか。und siehe, ein Balken ist in deinem Auge?

　［注釈］dir：利益・関与を表わす３格「〜のために」。

7:5 Du Heuchler, zieh am ersten den Balken aus deinem Auge; darnach siehe zu, wie du den Splitter aus deines Bruders Auge ziehst!

偽善者よ Du Heuchler,
まず自分の目から aus deinem Auge
丸太を取り除け zieh am ersten den Balken;
そうすれば、はっきり見えるようになって darnach siehe zu,
兄弟の目から aus deines Bruders Auge
おが屑を取り除くことができる。wie du den Splitter ziehst!

　［注釈］am ersten：「まずもって」。darnach = danach「それの後で」（指示性を強調している）。zusehen：「心がける」（副文と共に）。

7:6 Ihr sollt das Heiligtum nicht den Hunden geben, und eure Perlen nicht vor die Säue werfen, auf daß sie dieselben nicht zertreten mit ihren Füßen und sich wenden und euch zerreißen.

神聖なものを犬に与えてはならず Ihr sollt das Heiligtum nicht den Hunden geben,

また、真珠を豚に投げてはならない und eure Perlen nicht vor die Säue werfen,

それを足で踏みにじり auf daß sie dieselben nicht zertreten mit ihren Füßen,

向き直ってあなたがたにかみついてくるだろう。und sich wenden und euch zerreißen.

　［注釈］Sau：「雌豚」（無価値・低級なものの象徴）。dieselben：先行する「真珠」を指す。

◆求めなさい

7:7 Bittet, so wird euch gegeben; suchet, so werdet ihr finden; klopfet an, so wird euch aufgetan.

求めなさい Bittet,
そうすれば、与えられる so wird euch gegeben;
探しなさい suchet,
そうすれば、見つかる so werdet ihr finden;
門をたたきなさい klopfet an,
そうすれば、開かれる。so wird euch aufgetan.

7:8 Denn wer da bittet, der empfängt; und wer da sucht, der findet; und wer da anklopft, dem wird aufgetan.

だれでも、求める者は受け Denn wer da bittet, der empfängt;
探す者は見つけ und wer da sucht, der findet;
門をたたく者には開かれる。und wer da anklopft, dem wird aufgetan.

［注釈］wer ~ , dem：不定関係代名詞「～する人（1格）は―」と相関する指示代名詞が3つ並んで現われているが、そのうち最後のものは指示代名詞が3格で用いられている（その他の場合では1格で）。意味は「～する人には―」となる。

7:9 Welcher ist unter euch Menschen, so ihn sein Sohn bittet ums Brot, der ihm einen Stein biete?

あなたがたのだれが Welcher ist unter euch Menschen,
パンを欲しがる自分の子供に so ihn sein Sohn bittet ums Brot,
石を与えるだろうか。der ihm einen Stein biete?

［注釈］sein Sohn：主語の機能を担い、so ihn sein Sohn bittet ums Brot の文は「もし息子がパンを望むなら」の意、また ihm einen Stein の箇所の ihm の意味内容である。welcher ~, der －：相関していて「～する者で―する者は」の意。

7:10 oder, so er ihn bittet um einen Fisch, der ihm eine Schlange biete?

魚を欲しがるのに oder, so er ihn bittet um einen Fisch,
蛇を与えるだろうか。der ihm eine Schlange biete?

7:11 So denn ihr, die ihr doch arg seid, könnt dennoch euren Kindern gute Gaben geben, wie viel mehr wird euer Vater im Himmel Gutes geben denen, die ihn bitten!

このように、あなたがたは悪い者でありながらも So denn ihr, die ihr doch arg seid,
自分の子供には良い物を与えることを知っている
könnt dennoch euren Kindern gute Gaben geben,
まして、あなたがたの天の父は euer Vater im Himmel,
求める者に die ihn bitten!
良い物をくださるにちがいない。wie viel mehr wird Gutes geben denen.

［注釈］die ihr：1・2人称の人称代名詞を先行詞とする関係代名詞の用法では、関係代名詞の後に人称代名詞が並置される。arg：「邪悪な」。denen：「父なる神に求める人たちに」（複数3格）。Gutes：雅語的用法、mehr ＋ 2 格で「より多くの〜を」（例：Wir brauchen des Geldes mehr.「私たちはもっとお金が必要である」）。

7:12 Alles nun, was ihr wollt, daß euch die Leute tun sollen, das tut ihr ihnen auch. Das ist das Gesetz und die Propheten.

だから、人にしてもらいたいと思うことは daß euch die Leute tun sollen,
何でも alles nun, was ihr wollt,
あなたがたも人にしなさい。das tut ihr ihnen auch.

これこそ律法と預言者である das ist das Gesetz und die Propheten.

［注釈］alles, was ihr wollt：「あなたがたが望むことすべて」の意で、これが tun の目的語。

◆狭い門

7:13 Gehet ein durch die enge Pforte. Denn die Pforte ist weit, und der Weg ist breit, der zur Verdammnis abführt; und ihrer sind viele, die darauf wandeln.

狭い門から入りなさい Gehet ein durch die enge Pforte.
滅びに通じる der zur Verdammnis abführt;
門は広く denn die Pforte ist weit,
その道も広々として und der Weg ist breit,
そこから入る者が多い。und ihrer sind viele, die darauf wandeln.

［注釈］Pforte：「（比較的小さな）門」、ラテン語の porta「門」をドイツ語が借用。ドイツ語特有の音変化（古高ドイツ語子音推移）を経て p > pf となった。関係文 der zur Verdammnis abführt の先行詞は die Pforte である。ihrer：3人称複数の人称代名詞 sie の2格、viele にかかる。sie は「広い門から入る人びと」を指す。

7:14 Und die Pforte ist eng, und der Weg ist schmal, der zum Leben führt; und wenige sind ihrer, die ihn finden.

しかし、命に通じる der zum Leben führt;

門はなんと狭く Und die Pforte ist eng,
その道も細いことか und der Weg ist schmal,
それを見いだす者は少ない。und wenige sind ihrer, die ihn finden.

◆実によって木を知る

7:15 Seht euch vor vor den falschen Propheten, die in Schafskleidern zu euch kommen, inwendig aber sind sie reißende Wölfe.

偽預言者を警戒しなさい Seht euch vor vor den falschen Propheten,
彼らは羊の皮を身にまとってあなたがたのところに来るが
die in Schafskleidern zu euch kommen,
その内側は貪欲な狼である inwendig aber sind sie reißende Wölfe.

　［注釈］sich⁴ vor ～ vor|sehen：「～に警戒する」。die in Schafskleidern zu euch kommen：Propheten を先行詞とする関係文。inwendig：「内部で・心の中で」。

7:16 An ihren Früchten sollt ihr sie erkennen. Kann man auch Trauben lesen von den Dornen oder Feigen von den Disteln?

あなたがたは、その実で彼らを見分ける。An ihren Früchten sollt ihr sie erkennen.
茨からぶどうが Trauben von den Dornen.
あざみからいちじくが oder Feigen von den Disteln
採れるだろうか。kann man auch lesen?

　［注釈］lesen：「収穫する・摘む」。

7:17 Also ein jeglicher guter Baum bringt gute Früchte; aber ein fauler Baum bringt arge Früchte.

すべて良い木は Also ein jeglicher guter Baum
良い実を結び bringt gute Früchte;
悪い木は悪い実を結ぶ。aber ein fauler Baum bringt arge Früchte.

7:18 Ein guter Baum kann nicht arge Früchte bringen, und ein fauler Baum kann nicht gute Früchte bringen.

良い木が悪い実を結ぶことはなく Ein guter Baum kann nicht arge Früchte bringen,
また、悪い木が良い実を結ぶこともできない。und ein fauler Baum kann nicht gute Früchte bringen.

7:19 Ein jeglicher Baum, der nicht gute Früchte bringt, wird abgehauen und ins Feuer geworfen.

良い実を結ばない der nicht gute Früchte bringt,
木はみな Ein jeglicher Baum,
切り倒されて wird abgehauen
火に投げ込まれる。und ins Feuer geworfen.

　［注釈］der nicht gute Früchte bringt：Baum を先行詞とする関係文。

7:20 Darum an ihren Früchten sollt ihr sie erkennen.

このように、あなたがたはその実で彼らを見分ける。
Darum an ihren Früchten sollt ihr sie erkennen.

◆あなたたちのことは知らない
7:21 Es werden nicht alle, die zu mir sagen: HERR, HERR! ins Himmelreich kommen, sondern die den Willen tun meines Vaters im Himmel.

わたしに向かって die zu mir sagen:
『主よ、主よ』HERR, HERR!
と言う者が皆、天の国に入るわけではない Es werden nicht alle, ins Himmelreich kommen,
わたしの天の父の御心を行う者だけが入るのである。
sondern die den Willen tun meines Vaters im Himmel.

　［注釈］die zu mir sagen：alle を先行詞とする関係文。es：仮主語、実質的な主語は alle である。nicht ~ sondern －：「～ではなく―」。die = die Leute, die で、先行詞を含む関係代名詞。HERR：「主」、ここでは強調されていて、すべての文字が大書されているが、通常は Herr である。meines Vaters im Himmel：動詞 tun を越えて den Willen を修飾する。

7:22 Es werden viele zu mir sagen an jenem Tage: HERR, HERR! haben wir nicht in deinem Namen geweissagt, haben wir nicht in deinem Namen Teufel ausgetrieben, und haben wir nicht in deinem Namen viele Taten getan?

かの日には an jenem Tage.
大勢の者がわたしに Es werden viele zu mir sagen:
『主よ、主よ』HERR, HERR!
わたしたちは御名によって預言し haben wir nicht in deinem Namen geweissagt,
御名によって悪霊を追い出し haben wir nicht in deinem Namen Teufel ausgetrieben,
御名によって奇跡をいろいろ行ったではありませんか』と言うであろう。
und haben wir nicht in deinem Namen viele Taten getan?

[注釈] es：仮主語、実質的な主語は viele である。

7:23 Dann werde ich ihnen bekennen: Ich habe euch noch nie erkannt; weichet alle von mir, ihr Übeltäter!

そのとき、わたしはきっぱりとこう言おう Dann werde ich ihnen bekennen:
『あなたたちのことは全然知らない ich habe euch noch nie erkannt;
不法を働く者ども ihr Übeltäter,
わたしから離れ去れ』weichet alle von mir!

◆家と土台

7:24 Darum, wer diese meine Rede hört und tut sie, den vergleiche ich einem klugen Mann, der sein Haus auf einen Felsen baute.

そこで Darum,
わたしのこれらの言葉を聞いて行う者は皆
wer diese meine Rede hört und tut sie,
岩の上に自分の家を建てた der sein Haus auf einen Felsen baute
賢い人に似ている。den vergleiche ich einem klugen Mann.

［注釈］den：指示代名詞、「そのような（先述したような）人を（4格）」。

7:25 Da nun ein Platzregen fiel und ein Gewässer kam und wehten die Winde und stießen an das Haus, fiel es doch nicht; denn es war auf einen Felsen gegründet.

雨が降り Da nun ein Platzregen fiel,
川があふれ und ein Gewässer kam,
風が吹いて und wehten die Winde
その家を襲っても und stießen an das Haus,
倒れなかった fiel es doch nicht;
岩を土台としていたからである。denn es war auf einen Felsen gegründet.

［注釈］es：「その家は（1格）」。

7:26 Und wer diese meine Rede hört und tut sie nicht, der ist einem törichten Manne gleich, der sein Haus auf den Sand baute.

わたしのこれらの言葉を聞くだけで行わない者は皆
Und wer diese meine Rede hört und tut sie nicht,
砂の上に家を建てた der sein Haus auf den Sand baute
愚かな人に似ている。der ist einem törichten Manne gleich.

[注釈] et.³ (jm.) gleich sein：「〜に等しい」。

7:27 Da nun ein Platzregen fiel und kam ein Gewässer und wehten die Winde und stießen an das Haus, da fiel es und tat einen großen Fall.

雨が降り Da nun ein Platzregen fiel,
川があふれ und kam ein Gewässer,
風が吹いて und wehten die Winde
その家に襲いかかると und stießen an das Haus,
倒れて、その倒れ方がひどかった。da fiel es und tat einen großen Fall.

[注釈] kam ein Gewässer：「洪水が来る」（動詞＋主語名詞という語順はギリシア語と同じ。ただし、上の25節では ein Gewässer kam となっており、これは da という従属接続詞に導かれ定形後置が起こっていると考えられる）。es：「その家は（１格）」。

7:28 Und es begab sich, da Jesus diese Rede vollendet hatte, entsetzte sich das Volk über seine Lehre.

イエスがこれらの言葉を語り終えられると da Jesus diese Rede vollendet hatte,

群衆はその教えに非常に驚いた。 und es begab sich, entsetzte sich das Volk über seine Lehre.

　［注釈］sich[4] begeben：「起こる」。

7:29 Denn er predigte gewaltig und nicht wie dieSchriftgelehrten.

彼らの律法学者のようにではなく und nicht wie die Schriftgelehrten, 権威ある者としてお教えになったからである。 denn er predigte gewaltig.

☞コラム

ボンヘッファー①

　ディートリッヒ・ボンヘッファー（Dietrich Bonhoeffer）は、1906年生まれのルター派の牧師であり、神学者でもあった。ナチス政権下のドイツの教会の多くがナチスに協力したのに対して、キリスト者としてヒトラーに激しく抵抗運動を展開した。彼は、「汝殺すなかれ」を戒めとするキリスト者であり、かつ、非暴力主義者ガンジーの影響も受けていた。彼は殺人を止めるための殺人、すなわちヒトラー暗殺を単純に正義とはみなしてはいなかった。そんな彼がヒトラーへの妥協なき反対運動、そしてヒトラー暗殺に加わることには極めて重要な苦悩と思索があった。反ナチス運動で逮捕されてからも獄中から多くの書簡を書き、その言葉は現代の私たちにも、良心に生きることとはいかなることかを問い続けている。1945年4月9日独裁者ヒトラーの暗殺計画に加担した容疑でナチスによりフロッセンビュルク強制収容所で処刑されたのであった。ボンヘッファーはヒトラーの危険を当初から見抜き、そのユダヤ人政策を批判し、最後には文字通り命を賭してナチスの暴走を止めようとしたのである。そんなボンヘッファーに、ナチス以降もしくはホロコースト以降のドイツでは、キリスト者として生きる1つのモデルを求めているのだと言えるだろう。

＜ボンヘッファーのテキスト①＞

新年後の主日に読むための説教（マタイ 2:13-23）[22]：
Bonhoeffer (1940)[23]

　愛する兄弟姉妹！　エジプトへの避難・ベツレヘムの幼児殺戮・聖家族のナザレへの帰還というこの事件を読む時、どの事件の終りにも、『旧約聖書』の言葉が記されており、その言葉がどの場合にも「……と言われたことが成就するためである」という短い言い回しで終わっていることに私たちは必ずや気づくであろう。私たちはおそらく、しばしばこの言葉を読み過ごして、そうたいして重要なことではないと思ったこともあろう。しかしながら、そのようにしているとしたら、この『聖書』の箇所において重要なことを私たちは見過ごしにしてしまうのである。「成就するためである」――これはすなわち、神が前もって心に決め給わなかったようなことは何もイエスの上には起こることはない、つまり、もし私たちがイエスと共にあるならば神が私たちについて目論見、私たちに約束し給うたことの他、何ごとも私たちの上に起こることはないという意味である。あらゆる種類の人間的な思想、計画や錯覚が絡み合うことはありもしよう。殺人者ヘロデすらも無慈悲な暴力をもって関与するかもしれない。しかし、結局はみな、神が予め見、欲し、語り給うたようになる他はないのである。神は支配をやめることはし給わない。神はご自身の約束し給うたことのみを成就し給う。これが優れたる慰めである。『聖書』を手にし心に懐く人はいつも『聖書』の中に、この慰めの新たな確証を見出す。東方の博士たちはイエスを拝し、高価な贈物をイエスに捧げた。その

同じ箇所で、ユダヤの王ヘロデがその子どもを探し出して殺そうとしていると言われているとは、何と驚くべき対照であろうか。ダビデの位に座していたヘロデ、神の民の王であると同時に暴君であったヘロデ、この民の歴史と約束と希望とを知っているヘロデは、神がその約束を実現し、その民に義と真理と平和の王を与えんとしてい給うと聞くや殺戮を思い立つ。力猛く、すでにしばしば血で汚れた残忍な支配者が、無力な罪なき子どもを、恐れのあまり探し出して殺そうとする。地上の力をもてる者はすべてヘロデの側に立つ。しかしながら、神はこの子どもの側に立ち給う。そして、神はヘロデとは違った方法をとり給う。神は夢でヨセフに自らの使いを遣わせて、ヘロデの力の及ばないエジプトに逃げるように命じ給う。神のとり給う方法は、神ご自身と同じように不可思議である。神は、ご自身の者らに自らの道を教えることのできる見えざる諸力や奉仕者たちに不足してはおられない。確かに、神は私たちに御言葉を与え、その御言葉において、ご自身の意志をすべて啓示し給うたのであるが、しかし特別な時には、私たちが正しい道を踏み外さないように、特別なしかたで私たちを助け給うこともある。このような特別な神の助けと導きとを経験しなかった者があるであろうか。夜、夢で神はヨセフにエジプトに逃げるように命じ給う。一刻のためらいもなく、ヨセフは神の指示に服従し、子どもとその母とを連れて——この順序でこの物語は二度イエスとマリアの名を記している——出発し逃げて行く。私たちに語られた神の言葉は必ずや成就するのであるから、私たちはその言葉に従順でなければならない。それだから夜、立ち上がって、そのみこころを行わなければならない。ヨセフはそのようにした。

Lesepredigt für den Sonntag nach Neujahr [(24)]

Liebe Gemeinde! Es ist uns gewiß beim Lesen dieser Geschichten [(25)] von der Flucht nach Ägypten, vom bethlehemitischen Kindermord und von der Rückkehr der heiligen Familie nach Nazareth aufgefallen, daß jedesmal am Ende dieser Geschichte ein Wort aus dem Alten Testament steht und daß dieses Wort jedesmal eingeleitet wird mit dem kurzem Satz: „Auf daß erfüllet würde, was gesagt ist." Wir haben wohl oft darüber hinweggelesen und gemeint, das sei nur so eine nebensächliche Formel. Damit übersehen wir aber etwas besonders Wichtiges und schönes an unserem Text. „Auf daß erfüllet würde " – das heißt ja, es kann Jesus nichts geschehen, als was Gott selbst vorher beschlossen hat, es kann auch uns, wenn wir mit Jesus sind, nichts geschehen, als was Gott selbst mit uns vorhat und uns verheißen hat. Da mögen allerlei menschliche Gedanken, Pläne und Irrtümer mithineinwirken, da mag selbst ein mörderischer Herodes seine grausamen Hände im Spiel haben, es muß zuletzt doch alles gehen, wie Gott es zuvor gesehen, gewollt und gesagt hat. Gott gibt das Regiment nicht aus der Hand. Das ist ein starker Trost: Gott erfüllt nur, was Gott selbst verheißen hat. Wer die Heilige Schrift in der Hand und im Herzen hat, der findet in ihr immer neue Bestätigung dieses Trostes. Die Weisen aus dem Morgenlande hatten Jesus angebetet und ihm kostbare Gaben gebracht. Gibt es nun einen erschreckenderen Gegensatz, als wenn es noch im selben Satz heißt, daß der König der Juden, Herodes, nach dem Kinde sucht, um es umzubringen? Herodes, der auf dem Thron Davids sitzt, König und zugleich Tyrann über das Volk Gottes, Herodes, der die Geschichte, Verheißung und Hoffnung dieses Volkes kennt, sinnt auf Mord, als er hört, daß Gott seine Verheißungen wahrmachen und seinem Volk den König der Gerechtigkeit, der Wahrheit und des Friedens schenken will. Der mächtige, schon oft mit Blut befleckte, brutale Herrscher sucht das ohnmächtige unschuldige Kind zu töten, weil er sich vor ihm fürchtet. Alle irdischen Machtmittel sind auf der Seite des Herodes. Aber Gott ist auf der Seite des Kindes. Und Gott hat andere Mittel als Herodes. Er sendet dem Joseph im Traum seinen Engel und befiehlt ihm, nach Ägypten zu fliehen, wo die Macht des Herodes ihre Grenze hat. Geheimnisvoll wie Gott selbst sind seine Mittel. Es fehlt ihm nicht an unsichtbaren Kräften und Dienern, durch die er die Seinen seien Wege wissen lassen kann. Zwar hat er uns sein Wort gegeben und uns in ihm seinen ganzen Willen offenbart. Aber in besonderer Stunde hilft er uns auch auf besondere Weise, damit wir den rechten Weg nicht verfehlen. Wer hätte solche besondere Hilfe und Führung Gottes nicht erfahren? Des Nachts im Traum befiehlt Gott dem Joseph die Flucht nach Ägypten; und ohne einen Augenblick zu zögern, gehorcht Joseph der göttlichen Weisung und bricht mit dem Kinde und seiner Mutter – in deiser Reihenfolge nennt unsere Geschichte zweimal Jesus und Maria! – auf, um zu fliehen. Soll Gottes Wort an uns in Erfüllung gehen, so müssen wir ihm gehorsam sein und, wenn es sein muß, des Nachts aufstehen, um seinen Willen zu tun. So tat Joseph.

☞ コラム

『聖書』の名言

　『聖書』の中には名言とされるものが多いが、信者にとって大切なことばとしてよく引かれるのが、次の「テサロニケの信徒への手紙」（第一）5章16-18節である。このテキストを、いくつかの日本語訳『聖書』を並行に並べることで比べてみよう。

Seid allezeit fröhlich, betet ohne Unterlaß, seid dankbar in allen Dingen; denn das ist der Wille Gottes in Christus Jesus an euch.[26]

新共同訳：　「いつも喜んでいなさい。絶えず祈りなさい。どんなことにも感謝しなさい。これこそ、キリスト・イエスにおいて、神があなたがたに望んでおられることです」

新改訳：　「いつも喜んでいなさい。絶えず祈りなさい。すべての事について、感謝しなさい。これが、キリスト・イエスにあって神があなたがたに望んでおられることです」

岩波訳[27]：　「あなたがたはいつも喜びなさい。絶えず祈りなさい。すべてのことに感謝しなさい。なぜならばそれが、あなたがたに対する、キリスト・イエスに

> おける神の意志だからである」
>
> 現代訳[28]： 「いつも喜んでいなさい。絶えず祈りなさい。すべての事について感謝しなさい。これが、あなたがたについて、キリスト・イエスの神の御心なのである」
>
> リビング：　「いつも喜びにあふれていなさい。いつも祈りに励
> バイブル　みなさい。どんなことがあっても、感謝を忘れないように。これこそ、神様が、キリスト・イエスに属するあなたがたに、望んでおられることだからです」
>
> このように、使われている語彙をはじめ文体・語順もお互いに異なっている。句読点なども含めれば、こんな短い一節ではあっても相異点が少なくないのである。

第2章

詩 篇

(Die Psalmen)

『旧約聖書』の中、「諸書」に分類されるものの１つが、本章で扱う「詩篇」である。礼拝の音楽として150篇の詩歌が採用されているが、中でもよく愛唱されている第22篇・第103篇を本章では対象とする。

　「詩篇」の多くはダビデ作と考えられる。(29) ダビデは紀元前10世紀のイスラエル第２代の王でソロモンの父である。彼はイスラエル民族を最盛期に導いた不世出の武人・政治家であると同時に、卓越した詩人・音楽家でもあった。「詩篇」の中にはダビデについてよく描かれており、そこには神の民の苦悩・罪・悲しみ・望み・喜び等が見事に描写されている。「賛美せよ」が「詩篇」全体を通じての重要な思想で、何度も繰り返される。歓喜の折にも恐怖の折にも、どんな時でも、このことばはダビデを神に向かわせた。ダビデは文字どおり神の中に生きた人であった。

　さて、本章でも第１章と同じく、まずドイツ語の『聖書』に慣れていただくため、文・句の単位で語句の注釈を加えた。その際、日本語・ドイツ語を混交させた形でテキストを提示した。まず以下に、本来のドイツ語テキストを原文のまま示し、その後に本章で扱うテキストを注釈を交えた形で示したい。(30)

　以下、上のテキストに適宜、語句レベルで注釈を付けながら、ドイツ語『聖書』の語・文のつくりを見ていくことにする。

〈第22篇〉

第１部：１節
　　　　賛歌の説明

第2部：2－22節
　　詩人の状況（苦難の訴えと信頼の表明）
　　2－3節　　苦難（神との交わりからの断絶）
　　4－6節　　信頼（神の民に属する信頼）
　　7－9節　　苦難（人との交わりからの断絶）
　　10－12節　信頼（神によって人とされていた）
　　13－19節　苦難（死の中への放棄）
　　20－22節　信頼（救いを求める祈り）

第3部：23－30節b
　　詩人の任務（救いを語り伝える）
　　23－27節　イスラエルに
　　28－29節　すべての国に
　　30a－b節　生者にも死者にも

第4部：30c－32節
　　詩人の勝利（救いの成就）

　「詩篇」の中には、自分のことが語られている、とイエス自身が言っている。
　事実、この第22篇は、カルバリの情景を描写しているのである。ここでは、『旧約聖書』の他のどの箇所にもまして、十字架での受難がはっきりと描かれている。すなわち、この詩篇は「わが神、わが神、どうして私をお見捨てになったのですか」という叫びから始まっているが、これは、イエスが生涯の最も暗黒の時に発せられた叫びである。[31]

「詩篇」第22篇のうち、例えば18節では「彼らは私の着物を互いに分け合い、私の着物の１つをクジ引きにする」と歌われているけれども、この節は、実際、何百年も後にイエスが十字架につけられた時にローマの兵士たちがすることを描いているのである（「マタイ」27:35）。この他、第22篇の中の次の節は括弧内の箇所と比較してみるとよく理解できる。1節（マタイ27:46）、6・7節（ルカ23:35-36）、6－8節（マタイ27:39,41,43）、12－13節（マタイ27:36,44）、28節（第一コリント15:23-24）。

1 Für den Chormeister. Nach der Weise „Hindin der Morgenröte". Ein Psalm Davids.

指揮者によって Für den Chormeister「暁の雌鹿」に合わせて Nach der Weise „Hindin der Morgenröte". ダビデの詩 Ein Psalm Davids.

　［注釈］Chor：「合唱」。für den Chormeister：「聖歌隊の指揮者に」。Hindin der Morgenröte：拍子のことかメロディーのことか明確ではない。「七十人訳聖書」（Septuaginta）以前の非常に古い時代のことでよくわかっていない。David：ダビデ（ソロモン Salomo の父）、紀元前10世紀のイスラエル第２代の王。ダビデがこの詩を作ったとされる。[32]

2 Mein Gott, mein Gott, warum hast du mich verlassen, bist fern meiner Rettung, den Worten meiner Klage?

わたしの神よ、わたしの神よ Mein Gott, mein Gott,

なぜわたしをお見捨てになるのか warum hast du mich verlassen, なぜわたしを遠く離れ、救おうとせず呻きも言葉も聞いてくださらないのか。bist fern meiner Rettung, den Worten meiner Klage?

　［注釈］fern：「〜から（３格）離れて（例：fern der Heimat「故郷を遠く離れて」）」（雅語）。

3 Mein Gott, ich rufe bei Tag, doch du antwortest nicht, bei Nacht, doch ich finde keine Ruhe.

わたしの神よ Mein Gott,
昼は、呼び求めても答えてくださらない。ich rufe bei Tag, doch du antwortest nicht,
夜も、黙ることをお許しにならない。bei Nacht, doch ich finde keine Ruhe.

　［注釈］夜も、黙ることをお許しにならない：「現代訳聖書」（尾山令仁 訳、[10]2004 年、羊群社）では「夜、祈り求めても何もおっしゃってくださいません」となっている。ドイツ語文は「夜も私は安らぎを見出すことができない」の意である。

4 Du aber, Heiliger, thronst auf den Lobgesängen Israels.

だがあなたは、聖所にいまし Du aber, Heiliger,
イスラエルの賛美を受ける方。thronst auf den Lobgesängen Israels.

　［注釈］Heiliger：出だしの Du と同格で「聖なるお方であるあな

第 2 章　詩　篇　89

たは」。aber：前の文章を受けて「しかしながら」。Lobgesang：「賛歌」< lobsingen「神を賛美して褒め称えて歌う」。

5 Auf dich vertrauten unsere Väter, sie vertrauten, und du hast sie befreit.

わたしたちの先祖はあなたに依り頼み Auf dich vertrauten unsere Väter,
依り頼んで、救われて来た。sie vertrauten, und du hast sie befreit.

6 Zu dir schrien sie, und sie wurden gerettet, auf dich vertrauten sie, und sie wurden nicht zu Schanden.

助けを求めてあなたに叫び、救い出され Zu dir schrien sie, und sie wurden gerettet,
あなたに依り頼んで、裏切られたことはない。auf dich vertrauten sie, und sie wurden nicht zu Schanden.

　［注釈］zu Schanden：「だめになった・壊れた」。

7 Ich aber bin ein Wurm und kein Mensch, der Leute Spott und verachtet vom Volk.

わたしは虫けら、とても人とはいえない Ich aber bin ein Wurm und kein Mensch,
人間の屑、民の恥。der Leute Spott und verachtet vom Volk.

[注釈] Ich aber bin：ギリシア語のテキスト（εγω δε ειμι）に即した文体になっている。Leute：2格「〜の」。verachten：「侮蔑する」。

8 Alle, die mich sehen, verspotten mich, verziehen den Mund und schütteln den Kopf:

わたしを見る人は皆、わたしを嘲笑い Alle, die mich sehen, verspotten mich,
唇を突き出し、頭を振る verziehen den Mund und schütteln den Kopf:

[注釈] verziehen：「（口もとを）ゆがめる」。

9 Wälze es auf den Herrn. Der rette ihn, er befreie ihn, er hat ja Gefallen an ihm.

主に頼んで救ってもらうがよい Wälze es auf den Herrn. Der rette ihn,
主が愛しておられるなら、助けてくださるだろう。er befreie ihn, er hat ja Gefallen an ihm.

[注釈] wälzen：「任せる」。この9節は、不信仰な者が信仰者を嘲笑する言辞であって、ihn や ihm で表わされるのは信仰者のことである（der, er は「主」を受けている）。『新約聖書』で連想される箇所は、「神に頼っているが、神の御心ならば、今すぐ救ってもらえ」（「マタイ」27:43）と言って信仰者のことを

嘲った不信仰な人びとのシーンである。

10 Du bist es, der mich aus dem Mutterschoss zog, der mich sicher barg an der Brust meiner Mutter.

わたしを母の胎から取り出し Du bist es, der mich aus dem Mutterschoss zog,
その乳房にゆだねてくださったのはあなたです。der mich sicher barg an der Brust meiner Mutter.

　［注釈］du bist es, der 〜：強調構文。barg：< bergen「守る・かくまう」。

11 Auf dich bin ich geworfen vom Mutterleib an, von meiner Mutter Schoss an bist du mein Gott.

母がわたしをみごもったときから、わたしはあなたにすがってきました Auf dich bin ich geworfen vom Mutterleib an,
母の胎にあるときから、あなたはわたしの神。von meiner Mutter Schoss an bist du mein Gott.

　［注釈］von 〜 an：「〜以来」。

12 Sei nicht fern von mir, denn die Not ist nahe; keiner ist da, der hilft.

わたしを遠く離れないでください Sei nicht fern von mir,

苦難が近づき denn die Not ist nahe;
助けてくれる者はいないのです。ist da, der hilft.

　　[注釈] der hilft：先行詞は keiner。

13 Zahlreiche Stiere sind um mich, Baschanbüffel umringen mich.

雄牛が群がってわたしを囲み Zahlreiche Stiere sind um mich,
バシャンの猛牛がわたしに迫る。Baschanbüffel umringen mich.

　　[注釈] 敵対者を獣に喩えている。バシャン Baschan：ガリラヤ湖東北岸で牧草に恵まれた牧地。

14 Sie sperren ihr Maul auf gegen mich, ein reissender, brüllender Löwe.

牙をむいてわたしに襲いかかる者がいる Sie sperren ihr Maul auf gegen mich,
餌食を前にした獅子のようにうなり。ein reissender, brüllender Löwe.

　　[注釈] auf|sperren：「（口などを）大きく開く」。

15 Wie Wasser bin ich hingeschüttet, und es fallen auseinander meine Gebeine. Wie Wachs ist mein Herz, zerflossen in meiner Brust.

わたしは水となって注ぎ出され Wie Wasser bin ich hingeschüttet,
骨はことごとくはずれ und es fallen auseinander meine Gebeine.
心は胸の中で蝋のように溶ける。 Wie Wachs ist mein Herz, zerflossen in meiner Brust.

　　［注釈］es：形式主語。実質的には meine Gebeine が主語。
　　zer|fließen：「溶けて流れる」。

16　Trocken wie eine Scherbe ist meine Kehle, und meine Zunge klebt mir am Gaumen, in den Staub des Todes legst du mich.

口は渇いて素焼きのかけらとなり Trocken wie eine Scherbe ist meine Kehle,
舌は上顎にはり付く und meine Zunge klebt mir am Gaumen,
あなたはわたしを塵と死の中に打ち捨てられる。
in den Staub des Todes legst du mich.

　　［注釈］mir：所有の３格。

17　Um mich sind Hunde, eine Rotte von Übeltätern umzingelt mich, sie binden mir Hände und Füsse.

犬どもがわたしを取り囲み Um mich sind Hunde,
さいなむ者が群がってわたしを囲み eine Rotte von Übeltätern umzingelt mich,
わたしの手足を砕く。 sie binden mir Hände und Füsse.

［注釈］mir：所有の３格。jm. Hände und Füsse binden：「〜の手足を縛る・〜を身動きできなくする」。

18　Zählen kann ich alle meine Knochen.　Sie aber schauen zu, weiden sich an mir.

骨が数えられる程になったわたしのからだを Zählen kann ich alle meine Knochen.
彼らはさらしものにして眺め Sie aber schauen zu, weiden sich an mir.

［注釈］sich an et.³ (jm) weiden：「〜を見ておもしろがる」。

19　Sie teilen meine Kleider unter sich und werfen das Los um mein Gewand.

わたしの着物を分け Sie teilen meine Kleider unter sich
衣を取ろうとしてくじを引く。und werfen das Los um mein Gewand.

20　Du aber, Herr, sei nicht fern, meine Stärke, eile mir zu Hilfe.

主よ、あなただけは Du aber, Herr,
わたしを遠く離れないでください sei nicht fern,
わたしの力の神よ meine Stärke,
今すぐにわたしを助けてください。eile mir zu Hilfe.

21 Errette vor dem Schwert mein Leben, aus der Gewalt der Hunde

meine verlassene Seele.

わたしの魂を剣から救い出し Errette vor dem Schwert mein Leben,
わたしの身を犬どもから救い出してください。aus der Gewalt der Hunde meine verlassene Seele.

> [注釈] verlassen：過去分詞、「見捨てられた」。Seele：「現代訳聖書」（尾山令仁 訳、[10]2004 年、羊群社）では「命」となっている。。

22 Hilf mir vor dem Rachen des Löwen, vor den Hörnern der Wildstiere. Du hast mich erhört.

獅子の口、雄牛の角からわたしを救い Hilf mir vor dem Rachen des Löwen, vor den Hörnern der Wildstiere.
わたしに答えてください。Du hast mich erhört.

> [注釈] erhören：「(願い等を) 聞き入れる」(雅語)。

23 Ich will deinen Namen meinen Brüdern verkünden, in der Gemeinde will ich dich loben.

わたしは兄弟たちに御名を語り伝え Ich will deinen Namen meinen Brüdern verkünden,
集会の中であなたを賛美します。in der Gemeinde will ich dich loben.

24 Die ihr den Herrn fürchtet, lobt ihn, alle Nachkommen Jakobs,

ehret ihn, erschauert vor ihm, alle Nachkommen Israels.

主を畏れる人びとよ Die ihr den Herrn fürchtet,
主を賛美せよ。lobt ihn,
ヤコブの子孫は皆 alle Nachkommen Jakobs,
主に栄光を帰せよ ehret ihn,
主を恐れよ erschauert vor ihm,
イスラエルの子孫は皆。alle Nachkommen Israels.

　［注釈］die ihr den Herrn fürchtet：「主を畏れるあなたたち」（ihr, die ihr den Herrn fürchtet と同じ）。

25 Denn er hat nicht verachtet noch verabscheut des Elenden Elend, hat sein Angesicht nicht vor ihm verborgen, und da er schrie, erhörte er ihn.

決して侮らず、さげすまれません Denn er hat nicht verachtet
　　　　　　　　　　　　　　　　noch verabscheut
主は貧しい人の苦しみを des Elenden Elend,
御顔を隠すことなく hat sein Angesicht nicht vor ihm verborgen,
助けを求める叫びを聞いてくださいます。und da er schrie,
　　　　　　　　　　　　　　　　erhörte er ihn.

　［注釈］ihm：elend な（惨めな）状態にある人のことを指す。

26 Von dir geht aus mein Lobgesang in grosser Gemeinde, meine Gelübde erfülle ich vor denen, die ihn fürchten.

それゆえ、わたしはあなたに賛美をささげ Von dir geht aus mein Lobgesang
大いなる集会で in grosser Gemeinde,
満願の献げ物をささげます meine Gelübde erfülle ich
神を畏れる人びとの前で。vor denen, die ihn fürchten.

　［注釈］Gelübde：「（神への）誓願」（雅語、< loben）。

27 Die Elenden essen und werden satt, es loben den Herrn, die ihn suchen. Aufleben soll euer Herz für immer.

貧しい人は食べて満ち足り Die Elenden essen und werden satt,
主を尋ね求める人は主を賛美します。es loben den Herrn, die ihn suchen.
いつまでも健やかな命が与えられますように。Aufleben soll euer Herz für immer.

　［注釈］es：形式的な仮主語で、die ihn suchen（すなわち Leute, die ihn suchen）が実質的な主語。für immer：「永遠に」。

28 Alle Enden der Erde werden dessen gedenken und umkehren zum Herrn, und vor ihm werden sich niederwerfen alle Geschlechter der Völker.

地の果てまで Alle Enden der Erde
すべての人が主を認め、御もとに立ち帰り werden dessen gedenken

und umkehren zum Herrn,
国々の民が御前にひれ伏しますように。und vor ihm werden sich niederwerfen alle Geschlechter der Völker.

　［注釈］js. (et.²) gedenken：「心に思う・想起する」。Geschlecht：「種族・家系」。

29 Denn des Herrn ist das Reich, und er herrscht über die Völker.

王権は主にあり Denn des Herrn ist das Reich,
主は国々を治められます und er herrscht über die Völker.

　［注釈］das Reich：『現代訳聖書』（尾山令仁 訳、¹⁰2004 年、羊群社）では「王国」となっている。。

30 Vor ihm werfen sich nieder alle Mächtigen der Erde, vor ihm beugen sich alle, die in den Staub sinken.

主にひれ伏し Vor ihm werfen sich nieder
命に溢れてこの地に住む者はことごとく alle Mächtigen der Erde,
塵に下った者もすべて御前に身を屈めます vor ihm beugen sich alle, die in den Staub sinken.

　［注釈］alle Mächtigen：「この世的な勢力に満ち溢れている者は皆」。

31 Erzählen wird man vom Herrn dem Geschlecht,

主のことを Erzählen wird man vom Herrn
来るべき代に語り伝え dem Geschlecht,

32 das noch kommt, und verkünden seine Gerechtigkeit dem Volk, das noch geboren wird. Er hat es vollbracht.

成し遂げてくださった恵みの御業を das noch kommt,
民の末に告げ知らせるでしょう。und verkünden seine Gerechtigkeit dem Volk, das noch geboren wird. Er hat es vollbracht.

　［注釈］das noch kommt：先の 31 節の Geschlecht を先行詞とする。das noch geboren wird：「これから生まれる」は Volk にかかる。

☞ コラム

ゴート語『聖書』

　ゲルマン諸言語のうち、まとまった形で現存している最古のテキストはゴート語の『聖書』である。これは、4世紀の西ゴート人の僧侶ウルフィラ（Wulfila）によってギリシャ語からゴート語に訳された『聖書』で、銀文字手写本（Codex argenteus）と呼ばれている（紫色の羊皮紙に金・銀色の文字で記されているため）[33]。概してヨーロッパの文献について言えば、古い史料というのはやはり主に『聖書』関係のテクストに頼ることになる。ゲルマン語系の諸言語についても、『聖書』の断片がその言語の最古のまとまった文献であるというケースが多い[34]。ゴート語はすでに滅びてしまった言語だが、このように文献を残したことにより、ゲルマン語の古い特徴を今日に伝えるという役割を果たしている。

『銀文字聖書』Codex argenteus（ウプサラ大学図書館所蔵）

〈第 103 篇〉

「神の憐れみの詩篇」と呼ばれる。ダビデの晩年に書かれた詩とされている。神がダビデをどう遇していたかがよくわかる。「詩篇」の中でもよく愛唱されるものの 1 つである。

1 Von David. Lobe den Herrn, meine Seele, und alles, was in mir ist, seinen heiligen Namen.

ダビデの詩 Von David.
主をたたえよ Lobe den Herrn
わたしの魂よ meine Seele,
わたしの内にあるものはこぞって und alles, was in mir ist,
聖なる御名をたたえよ。seinen heiligen Namen.

[注釈] von David：ダビデの（晩年に書かれた）詩。

2 Lobe den Herrn, meine Seele, und vergiss nicht, was er dir Gutes getan hat.

主をたたえよ Lobe den Herrn,
わたしの魂よ meine Seele,
主の御計らいを何ひとつ忘れてはならない。und vergiss nicht, was er dir Gutes getan hat.

3 Der all deine Schuld vergibt und alle deine Krankheiten heilt,

主はお前の罪をことごとく赦し Der all deine Schuld vergibt
病をすべて癒し und alle deine Krankheiten heilt,

 ［注釈］der：der Herr「主」のこと。

4 der dein Leben aus der Grube erlöst, der dich krönt mit Gnade und Erbarmen,

命を墓から贖い出してくださる der dein Leben aus der Grube erlöst,
慈しみと憐れみの冠を授け der dich krönt mit Gnade und Erbarmen,

 ［注釈］erlösen：「救い出す」という意味だが、訳文で見るとおり、ここでは罪から救い出すという意味で「贖い」という訳語が当てられている。このことば（贖い）は実はキリスト教の根本思想と関わる。すなわち、キリスト教では、イエスの死は、彼を信じる者の罪を身代わりになって負い、その死によって信者の罪を取り除く代償（つまり、贖い）のためのものであるとされている。

5 der dich mit Gutem sättigt dein Leben lang. Dem Adler gleich erneuert sich deine Jugend.

長らえる限り良いものに満ち足らせ der dich mit Gutem sättigt dein Leben lang.
鷲のような若さを新たにしてくださる。Dem Adler gleich erneuert sich deine Jugend.

［注釈］dein Leben：副詞的 4 格。jm.(et.³) gleich：「～に等しい」。

6 Taten des Heils wirkt der Herr und Recht für alle Unterdrückten.

恵みの御業と裁きを行われる主は Taten des Heils wirkt der Herr
すべて虐げられている人のために。und Recht für alle Unterdrückten.

7 Seine Wege hat er Mose kundgetan, den Israeliten seine Taten.

主は御自分の道をモーセに Seine Wege hat er kundgetan,
御業をイスラエルの子らに示された。den Israeliten seine Taten.

［注釈］Mose：「モーセ（紀元前 1350－1250 年頃の古代イスラエルの指導者）」。Israelit：「イスラエル人」（男性弱変化名詞）。

8 Barmherzig und gnädig ist der Herr, langmütig und reich an Güte.

主は憐れみ深く、恵みに富み Barmherzig und gnädig ist der Herr,
忍耐強く、慈しみは大きい。langmütig und reich an Güte.

9 Nicht für immer klagt er an, und nicht ewig verharrt er im Zorn.

永久に責めることはなく Nicht für immer klagt er an,
とこしえに怒り続けられることはない。und nicht ewig verharrt er
im Zorn.

［注釈］für immer：「永遠に」。

10 Nicht nach unseren Sünden handelt er an uns, und er vergilt uns nicht nach unserer Schuld.

主はわたしたちを罪に応じてあしらわれることなく Nicht nach unseren Sünden handelt er an uns,
わたしたちの悪に従って報いられることもない。und er vergilt uns nicht nach unserer Schuld.

11 So hoch der Himmel über der Erde, so mächtig ist seine Gnade über denen, die ihn fürchten.

天が地を超えて高いように So hoch der Himmel über der Erde,
慈しみは主を畏れる人を超えて大きい。so mächtig ist seine Gnade über denen, die ihn fürchten.

　［注釈］die ihn fürchten：指示代名詞 denen を先行詞とする関係文。

12 So fern der Aufgang ist vom Untergang, so fern lässt er unsere Verfehlungen von uns sein.

東が西から遠い程 So fern der Aufgang ist vom Untergang,
わたしたちの背きの罪を遠ざけてくださる。so fern lässt er unsere Verfehlungen von uns sein.

　［注釈］Aufgang・Untergang：太陽がのぼり沈むこと、すな

わち「日の出・日の入り」のこと。ここでは「東・西」の意。Verfehlung：通常は「過失・違反」を意味するが、ここでは神の教えに背くことを指している。

13 Wie ein Vater sich der Kinder erbarmt, so erbarmt der Herr sich derer, die ihn fürchten.

父がその子を憐れむように Wie ein Vater sich der Kinder erbarmt, 主は主を畏れる人を憐れんでくださる。so erbarmt der Herr sich derer, die ihn fürchten.

[注釈] sich^4 js. erbarmen：「～を憐れむ」。die ihn fürchten：指示代名詞 derer（2格形）を先行詞とする関係文。

14 Denn er weiss, welch ein Gebilde wir sind, bedenkt, dass wir Staub sind.

主はわたしたちをどのように造るべきか知っておられた
Denn er weiss, welch ein Gebilde wir sind,
わたしたちが塵にすぎないことを御心に留めておられる。
bedenkt, dass wir Staub sind.

[注釈] denn：「というのは」という因果関係を表わす表現がヘブライ語原典にある（ヘブライ語：kee「なぜなら」）。14節のような原因・理由で13節のようなことが起こっているという結び付けである。

15 Des Menschen Tage sind wie Gras, er blüht wie eine Blume des Feldes:

人の生涯は草のよう Des Menschen Tage sind wie Gras,
野の花のように咲く er blüht wie eine Blume des Feldes:

　［注釈］er：der Mensch「人」を指す。

16 Wenn der Wind darüber fährt, ist er dahin, und seine Stätte weiss nicht mehr von ihm.

風がその上に吹けば、消えうせ Wenn der Wind darüber fährt, ist er dahin,
生えていた所を知る者もなくなる。und seine Stätte weiss nicht mehr von ihm.

　［注釈］dahin：「消え去った」。Stätte：「場所」、主語として。

17 Aber die Gnade des Herrn währt von Ewigkeit zu Ewigkeit über denen, die ihn fürchten, und seine Gerechtigkeit über Kindeskindern,

主の慈しみは世々とこしえに Aber die Gnade des Herrn währt von Ewigkeit zu Ewigkeit
主を畏れる人の上にあり über denen, die ihn fürchten,
恵みの御業は子らの子らに und seine Gerechtigkeit über Kindeskindern,

［注釈］währen：「持続する」（雅語）。die ihn fürchten：指示代名詞 denen を先行詞とする関係文。

18 über denen, die seinen Bund halten und seiner Gebote gedenken in der Tat.

主の契約を守る人 über denen, die seinen Bund halten
命令を心に留めて行う人に及ぶ。und seiner Gebote gedenken.

［注釈］Bund：「契約」、der Alte (Neue) Bund「旧（新）約聖書」。js.(et.²) gedenken：「心にかける・想起する」。in der Tat：「実際に」。

19 Der Herr hat im Himmel seinen Thron errichtet, und sein Königtum herrscht über das All.

主は天に御座を固く据え Der Herr hat im Himmel seinen Thron
       errichtet,
主権をもってすべてを統治される。und sein Königtum herrscht über das All.

［注釈］All：「宇宙・万象」。

20 Lobt den Herrn, ihr seine Boten, ihr starken Helden, die ihr sein Wort vollbringt, gehorsam seinem gebietenden Wort.

御使いたちよ、主をたたえよ Lobt den Herrn, ihr seine Boten,

力ある勇士たちよ ihr starken Helden,
主の語られる声を聞き die ihr sein Wort vollbringt,
御言葉を成し遂げるものよ gehorsam seinem gebietenden Wort.

　［注釈］ihr：seine Boten や starken Helden と同格で、die ihr sein Wort vollbringt という関係文の先行詞（なお、複数１格の形容詞 stark-en の語尾については、stark-e という語形も当然、想定されるが、呼びかけの呼格として両方の語形が可能。stark-en のほうがいくらか詩的表現）。jm.(et.³) gehorsam：「～に従順な」。gebieten：「命令する」。

21 Lobt den Herrn, all seine Heerscharen, ihr seine Diener, die ihr seinen Willen tut.

主をたたえよ Lobt den Herrn,
主の万軍よ all seine Heerscharen,
御もとに仕え、御旨を果たすものよ。ihr seine Diener, die ihr seinen Willen tut.

　［注釈］ihr：seine Diener と同格で、die ihr seinen Willen tut という関係文の先行詞。

22 Lobt den Herrn, all seine Werke, an allen Orten seiner Herrschaft. Lobe den Herrn, meine Seele.

主をたたえよ Lobt den Herrn,
主に造られたものはすべて all seine Werke,

主の統治されるところの、どこにあっても。an allen Orten seiner
　　　　　　　　　　　　　　　　　　　　　　Herrschaft.

主をたたえよ Lobe den Herrn,
わたしの魂よ。meine Seele.

☞ **コラム**

ボンヘッファー②

　通常、著名な神学者の多くは、アウグスティヌスのように「この世から離れて神の世界へ」と向かう。一方、ディートリヒ・ボンヘッファーは逆に、具体的な歴史世界に次第に深い関心を寄せるようになるプロセスをとった。すわなち、「神学者→キリスト者→同時代人」という形でボンヘッファーの人生の歩みは捉えられる。つまり、「車に轢かれた犠牲者に包帯を巻いてやるだけでなく車そのものを停める」（村上伸：「ボンヘッファー」107頁）決意をしたのである。こうして、神学者 (Theologe) からキリスト者 (Christ) へ、そして同時代人 (Zeitgenosse) へという歩みを進めたボンヘッファーであるが、その彼の言葉、例えば「神という作業仮説なしに生きねばならぬことを人間に教える神」・「人間を見棄てる神」・「神なしに生活できる成人化したこの世界の中でしか出会えぬ神」といった極めて逆説的な言い方は私たちに強烈な印象を与える。[35]

＜ボンヘッファーのテキスト②＞

抵抗と信従(36) Widerstand und Ergebung

　今朝はこれまでのあらゆる空爆の中でも最もひどいやつがあった。僕の部屋は、町の上にのしかかるように立ちこめた煙雲で数時間も暗くなって明りをつけたかったほどだった。僕が既に聞いたところでは、家の方は万事平静のようだ。ここでこんなにすばらしい長い夏の日々を再び経験するのは、時折何だか重苦しい気分にさせられる。しかし僕たちは、置かれる場所を、自分で選ぶことはできない。それゆえ僕たちは、人を怒らせるつまらない思想を通していつも人を強める偉大な思想に精通するようにならねばならない。

　目下、僕は古代言語学者 W.F. オットー（ケーニヒスベルク）の『ギリシアの神々』に関する実にすぐれた書物を読んでいる。これは、結びで言われているところによれば、「存在の不安と憧れからでなく、存在の豊かさと深さから出て来る信仰の世界」に関するものである。そのような表現の仕方やそれに対応した叙述は僕にとって甚だ魅力に満ちたものであるということ、また僕は―恐るべき言葉だが―キリスト教のある特定の形式よりも、そのように表現された神々の方がもっと躓きを感ずることが少ないということを、君はわかってくれるだろうか。実際、そのような神々をキリストの代わりに望むことができると僕が信じかねないことも。この書物は、目下の僕の神学的考察にとって非常に有益だ。

Heute morgen hatten wir den häßlichsten aller bisherigen Luftangriffe.(37) In meinem Zimmer war es ein paar Stunden lang von der Rauchwolke, die über der Stadt lag, so dunkel, daß ich fast Licht eingeschaltet hätte. Zu Hause ist alles in Ordnung, wie ich bereits hörte. [...] Zum zweiten Mal die schönen langen Sommertage hier zu erleben, fällt mit manchmal etwas schwer; aber man kann es sich eben nicht aussuchen, wo man hingestellt wird. Und so muß man sich durch die kleinen Gedanken, die einen ärgern, immer wieder hindurchfinden zu den großen Gedanken, die einen stärken.

Ich lese z. Zt.(38) das ganz ausgezeichnete Buch des Altphilologen W.F.Otto (Königsberg) über „die Götter Griechenlands", über diese „Glaubenswelt, die dem Reichtum und der Tiefe des Daseins, nicht seinen Sorgen und Sehnsüchten entstiegen ist", wie es am Schluß heißt. Verstehst Du, daß diese Formulierung und die entsprechende Darstellung für mich etwas sehr Reizvolles hat und daß ich – horribile dictu!(39) – an den so dargestellten Göttern weniger Anstoß nehme als an bestimmten Formen des Christentums? Ja, daß ich fast glaube, diese Götter für Christus in Anspruch nehmen zu können? Für meine gegenwärtigen theologischen Überlegungen ist mir dieses Buch sehr wertvoll.(40)

☞ コラム

> 「幸運と不運」Glück und Unglück
> （D. Bonhoeffer作）

幸運と不運
これらは突如私たちを襲い圧倒し
最初の瞬間は
いきなり触れた熱さと冷たさのように
ほとんど区別がつかないくらい似ている

Glück und Unglück
die rasch uns überwältigend treffen,
sind sich im Anfang,
wie Hitze und Frost bei jäher Berührung,
kaum unterscheidbar nah.

流星さながら
超地上遙か彼方から
私たちの頭上の軌道を
これらは恐ろしい光を放って飛来し
見舞われた者らは当惑したまま
彼らの日常の、くすんだ生活の
瓦礫の前に立ちつくす

Wie Meteore
aus überirdischer Ferne geschleudert,
ziehen sie leuchtend und drohend die Bahn
über unseren Häuptern.
Heimgesuchte stehen betroffen
vor den Trümmern
ihres alltäglichen, grenzlosen Daseins.

壮大に崇高に
破壊的に、有無をいわせず
幸運と不幸は
乞い求めようと、求めないと
驚愕する人間たちのもとに
祝祭のように到来し
当事者たちを
厳粛に荘重に
飾り、着替えさせる

Groß und erhaben,
zerstörend, bezwingend,
hält Glück und Unglück,
erbeten und unerbeten,
festlichen Einzug
bei den erschütterten Menschen,
schmückt und umkleidet
die Heimgesuchten
mit Ernst und mit Weihe.

戦慄的な幸運も
甘美この上ない不運も
いずれも永遠なるものに
由来する。この両者とも
大いなる恐るべきもの

Glück ist voll Schauer,
Unglück voll Süße.
Ungeschieden scheint aus dem Ewigen
eins und das andre zu kommen.
Groß und schrecklich ist beides.

四方より走りより
人びとは眺める
口を開けて見とれる
途方もないものを
妬ましげに、あるいは身震いしつつ
このなかで超地上的な力が
祝別的と同時に破壊的に
まぎらわしく整理のつかない
地上の演劇に登場するのだ
幸運とは何か、不幸とは？

Menschen, ferne und nahe,
laufen herbei und schauen
und gaffen
halb neidisch, halb schaudernd,

ins Ungeheure,
wo das Überirdische,
segnend zugleich und vernichtend,
zum verwirrenden, unentwirrbaren,
irdischen Schauspiel sich stellt,
Was ist Glück? Was Unglück?

時がやがて両者を分つ
計りがたく刺激的な
だしぬけの出来事が
うっとうしく辛い接続に変化し
緩慢にすべりゆく日の時間が
不運の真の姿を私たちに見せると
たいていの者は、古くなった不運の
単調に飽き、幻滅し
退屈してそっぽを向く

Erst die Zeit teilt beide.
Wenn das unfaßbar erregende,
jähe Ereignis
sich zu ermüdend quälender Dauer wandelt,
wenn die langsam schleichende Stunde des Tages
erst des Unglücks wahre Gestalt uns enthüllt,
dann wenden die Meisten,
überdrüssig der Eintönigkeit
des altgewordenen Unglücks,
enttäuscht und gelangweilt sich ab.

この時こそ忠実の生きる時
母と恋人の時
友と兄弟の時
忠実はすべての不運を変容させ
これをそっと
柔和な
超地上的な輝きで包む

Das ist die Stunde der Treue,
die Stunde der Mutter und der Geliebten,
die Stunde des Freundes und Bruders.
Treue verklärt alles Unglück
und hüllt es leise
in milden,
überirdischen Glanz.

ボンヘッファーが 1944 年後半、獄中で書き上げた詩作品である。

☞ コラム

> 永遠の生命
> das ewige Leben

　「永遠の生命」はキリスト教にとって極めて重要な概念である。ここでは主に「ヨハネ伝」によってこのキーワードの意味するところを明らかにしたい。『新約聖書』全体の中でも有名な箇所として次のせりふがある。

ヨハネ 3:16：「神はそのひとり子を与え給うたほどに世を愛して下さった。彼を信じる者がみな滅びることなく、永遠の生命をもつためである」
Also hat Gott die Welt geliebt, dass er seinen eingeborenen Sohn gab, auf dass alle, die an ihn glauben, nicht verloren warden, sondern das ewige Leben haben.

このテキストが言わんとしているのは、イエスを信じる者は永遠の生命をもつということである。信じないということがすなわち一種の裁きとなっている。この世にいて、信じて永遠の生命をもつものもいれば、信じずに裁かれた者もいるということである。ちなみに、同様の趣旨のことを述べている箇所はいくつもある。

「アーメン、アーメン、あなた方に言う。私の言葉を聞いて私

を遣わし給うた方を信じる者は永遠の生命をもつ」Wahrlich, wahrlich, ich sage euch : Wer mein Wort hört und glaubt dem, der mich gesandt hat, der hat das ewige Leben.（ヨハネ 5:24）
「わが父の御旨はこれである。御子を見て信じる者はみな永遠の生命をもつであろう」Das ist der Wille meines Vaters, dass, wer den Sohn sieht und glaut an ihn, habe das ewige Leben.（ヨハネ 6:40）
「私は復活であり生命である。私を信じる者は、たとえ死んでも、生きるであろう。そして、生きて私を信じる者はみな永遠に死ぬことはない」Ich bin die Auferstehung und das Leben. Wer an mich glaubt, der wird leben, ob er gleich stürbe.⁽⁴⁵⁾（ヨハネ 11:25）

　神の子イエスが今現在、目の前に来ていて、そのイエスを信じないで不信心にとどまることが、言ってみれば裁きの結果である。イエスを信じる者は永遠の生命をもち、裁きに入ることはない。死から生命へと移されたのである。イエスを信じるか信じないかが究極的な裁きとなる⁽⁴⁶⁾。なぜならイエスは神によって此の世へと派遣されたからである⁽⁴⁷⁾。

第3章

ローマ書

(Der Brief an die Römer)

前章までは、ドイツ語と日本語の対応を見てきたが、読者の皆さんはその流れの中で、『聖書』で使われるドイツ語に大分、馴染まれてきたことと思う。そこで、この第3章では、ドイツ語・日本語に加え、さらにギリシア語も併記し、『聖書』のことばを新たな視点から見ていきたい。本書はあくまでもドイツ語で『聖書』を読む、もしくは、『聖書』のドイツ語に触れるというテーマのために書かれた本であり、本書を読むのにギリシア語の知識を前提とすることはけしてない。では、なぜここにあえてギリシア語を加えているのか？　ここで是非、本書冒頭の解説を思い出していただきたい。

　『旧約聖書』（ヘブライ語）が『七十人訳聖書 Septuaginta』としてギリシア語に翻訳されたことはすでに触れたが、『新約聖書』はギリシア語で執筆された。このことは後々までキリスト教の歴史的遺産として影響を及ぼし続けている。もちろん言語におけるその影響力は小さくない。今日、ドイツ語の『聖書』を開くと、現代ドイツ語の通常の文章とは違った趣に気がつくが、これは宗教的要因もさることながら、ギリシア語（コイネー）『聖書』の影響もいくらかある。例えば、表現法・語順などに頻繁に現われる、いかにも『聖書』らしい文体を理解するためには、たとえ本格的な学習に深入りしなくとも、ギリシア語のテキストを傍らに置きつつ、ドイツ語の文章を再考するとよりよく理解できるのである。コイネー（ギリシア語共通文語）の文体を一通り見るだけで、今まで体験することのなかったドイツ語への洞察を実感できるだろう。まったく同じ理由で、ラテン語の文章も併記している。もちろんドイツ語と日本語のテキストだけを比較するだけでも十分なのだが、その視線を少し

郵便はがき

お手数ですが切手をお貼り下さい。

102-0072
東京都千代田区飯田橋 3-2-5

㈱ 現 代 書 館

「読者通信」係行

ご購入ありがとうございました。今後の刊行計画の参考とさせていただきますので、ご記入のうえご投函ください。なお、ご記入いただいたデータは、小社での出版及びご案内の発送資料以外には絶対、使用致しません。

名前(ふりがな)	年齢 女 男

住所	都道府県	市区郡町
TEL		FAX

職業（または学校・学年をくわしくお書き下さい）	E-mail.

購読の新聞・雑誌

ご注文申込書（小社刊行物のご注文にご利用ください。その際、書店名を必ずご記入ください。）

	冊	書名		冊
	冊	書名		冊

指定書店名	住所	都道府県	市区郡町

図書目録ご希望の方は御記入下さい。	■新刊DMのご希望　□ある　□ない
	■このカードを送ったこと　□ある　□ない

書名	

●本書のご感想をお書きください。

●以下のアンケートへのご記入をお願いします。
① 本書をお買い求めになった書店名（
② 本書を何でお知りになりましたか
　1．新聞・雑誌広告（　　　　　　　　）2．書評（
　3．人に勧められて　4．小社のDM　5．実物を書店で見て
　6．その他（　　　　　　　　　　　　　　　　　　　）7．小社H
③ 本書をお買い求めになった動機
　1．テーマに興味　2．著者に興味　3．資料として　4．広告を見て
　5．書評・記事を読んで　6．タイトルに興味　7．帯のコピーに興味
　8．その他（
④ 本書の定価はどうですか
　1．高すぎる　2．高い　3．適切　4．安い　5．気にとめなかった
⑤ 本書の装幀はどうですか
　1．とても良い　2．良い　3．普通　4．悪い　5．気にとめなかった
⑥ 本書のタイトルはどうですか
　1．とても良い　2．良い　3．普通　4．悪い　5．何ともいえない
⑦ 本書をお読みになって
　1．むずかしい　2．普通　　　3．やさしい
　4．おもしろい　5．参考になった　6．つまらない
⑧ 今後お読みになりたい企画がありましたらお聞かせ下さい。

だけずらして同時にギリシア語・ラテン語の文章にも一瞥を与えていただければ幸いである[48]。ギリシア語にはドイツ語を併記しているので、ドイツ語聖書がギリシア語聖書から受けた影響を感じ取っていただければ幸いである。ラテン語には敢えて日本語を併記しているので、ラテン語の語順などをここから見て理解に役立てていただきたい。

　さて、「ローマ書」（Der Brief an die Römer）は『新約聖書』の中の1書で、ローマの信徒に向けて使徒 (Apostel) パウロの手によるとされる手紙である。当時ローマには多数のユダヤ人が在住しており、シナゴーグにはローマ市民も出入りしていたため、まず彼らがユダヤ人を通してイエスについて知るようになったと考えられる。こうしてユダヤ人と異邦人からなるローマのキリスト者共同体が生まれた[49]。ところで、この「ローマ書」のことを、マルティン・ルターは『新約聖書』の中で最も重要な書簡であり、すべてのキリスト者によって精読されるべきと述べている。ルターは1515年から1516年にかけて「ローマ書」講義（Diui Pauli apostolic ad Romanos Epistola）を行ったが、ここから汲み上げた思想が「95ヶ条の論題」（1517年）ににじみ出ることになり、これがいわば宗教改革（Reformation）の口火を切ることにつながった。このように「ローマ書」はプロテスタンティズム（Protestantismus）の歴史の中で大きな意味をもった書となったのである[50]。

現在、オランダのエンスヘーデ（Enschede）にあるシナゴーグ。ヨーロッパの中でも　大きなシナゴーグの1つである。祈りの場であると同時に、ユダヤ人の礼拝や教育・結婚などの行事を行うコミュニティーの中心となっている。もともとは聖書の朗読・解説を行うための集会所であった。

> Synagoge
>
> Deze synagoge -een der fraaiste van West-Europa- met joodse school, ritueel badhuis, dag-synagoge en woonhuizen werd in 1928 gebouwd als vervanger van de oude synagoge elders in de stad. Ontwerp van de architect K.P.C. de Bazel. Gebouwd in oriëntaalse stijl, met koperen koepeldaken. Fraaie glas-in-loodramen. Interieur zeer bezienswaardig

シナゴーグの案内板（蘭語）

ヘブライ語での記述

◆挨拶⁽⁵¹⁾

1. Paulus, Knecht Christi Jesu, berufen zum Apostel, auserwählt, das Evangelium　Gottes zu verkündigen,

キリスト・イエスの僕、神の福音のために選び出され、召されて使徒となったパウロから、

［注釈］berufen：「（神から）使命を授かった」（過去分詞、< berufen）。

＜ギリシア語＞
παυλοσ δουλοσ χριστου ιησου κλητοσ αποστολοσ

Paulus Knecht Christi　Jesu berufener Apostel

αφωρισμενοσ　εισ　　ευαγγελιον　θεου
ausgesondert　zur　Verkündigung　der Gottes
　　　　　　　　Frohbotschaft

　［注釈］ギリシア語文のスタイル（発信者を主格で受信者を与格で示す）は当時のギリシアの手紙の形式。

＜ラテン語＞
Paulus　servus　Christi　Iesu　vocatus　apostolus　segregatus　in
パウロ　従者　キリストイエス召された　使徒　選び分かたれたに
evangelium Dei
福音書　神

2. das er durch seine Propheten im voraus verheißen hat in den heiligen Schriften:

この福音は、神がすでに聖書の中で預言者を通して約束されたもので、

　［注釈］das：指示代名詞 das Evangelium を先行詞とする関係文。im voraus：「予め」。なお、この日本語訳（新共同訳）テキストではあっさり『聖書』となっているが、当時のユダヤ教・キリスト教文献で『旧約聖書』を指す場合、普通は単に「書物」と呼ぶので、このように heilig「聖なる」を付けるのはかなり強調するときだけに限られる。

＜ギリシア語＞

ο προεπηγγειλατο   δια   των προφητων αυτου εν
die er vorher verheißenhat durch die Propheten seine in

γραφαισ αγιαισ
heiligen Schriften

＜ラテン語＞

quod ante promiserat per prophetas suos in scripturis sanctis
（関代）前に 約束する 通して 預言者   彼の で   文書   聖なる

3. das Evangelium von seinem Sohn, der dem Fleisch nach geboren ist als Nachkomme Davids,

御子に関するものです。御子は、肉によればダビデの子孫から生まれ、

[注釈] dem Fleisch nach：「肉によれば」、すなわち事実として歴史に現われたものとしてという意。

＜ギリシア語＞

περι του υιου αυτου του   γενομενου   εκ σπερματοσ δαυιδ
von dem Sohn seinem dem gekommenen aus Samen   Davids

κατα σαρκα
nach Fleisch

[注釈]「肉によれば」：4節の「聖なる霊によれば」の対。つまり「この世的な物質的次元で考えれば」の意。*σπερματοσ*：「種」転じて集合的意味で「子孫」の意。

＜ラテン語＞

de Filio suo qui factus est ex semine David secundum carnem
から息子 彼の(関代)作られた から 種子 ダビデ よって　　肉

4. der dem Geist der Heiligkeit nach eingesetzt ist als Sohn Gottes in Macht seit der Auferstehung von den Toten, das Evangelium von Jesus Christus, unserem Herrn.

聖なる霊によれば、死者の中からの復活によって力ある神の子と定められたのです。この方が、わたしたちの主イエス・キリストです。

[注釈] in Macht seit der Auferstehung：「復活により御力をもって」(seit：「復活を経て」＜「復活以来[52]」)。

＜ギリシア語＞

του ορισθεντοσ υιου θεου εν δυναμει κατα πνευμα
des bestimmten Sohn Gottes in Macht nach Geist

αγιωσυνησ εξ αναστασεωσ νεκρων ιησου χριστου
Heiligkeit seit Auferstehung Toten Jesus Christus

τον　κυριον　ημων
des　Herrn　unserem

[注釈]「聖なる霊によれば」：3節の「肉によれば」の対。すなわち「神的な次元で考えれば」の意。パウロが「復活」に $αναστασις$ という語（本来は「寝ている者を起こす」という意）を使うのはこの箇所だけである。通常、$εγειρω$「目覚めさせる」を用いている。

＜ラテン語＞

qui praedestinatus est Filius Dei in virtute secundum Spiritum
（関代）定められ　　た　息子　神　で　力　　よって　　　霊

sanctificationis ex
　聖なる　　から

resurrectione mortuorum Iesu Christi Domini nostri
　復活　　　　死人　　　イエスキリスト　神　私たちの

5. Durch ihn haben wir Gnade und Apostelamt empfangen, um in seinem Namen alle Heiden zum Gehorsam des Glaubens zu führen;

わたしたちはこの方により、その御名を広めてすべての異邦人を信仰による従順へと導くために、恵みを受けて使徒とされました。

［注釈］Apostelamt：「使徒の職」。

＜ギリシア語＞

δι ου ελαβομεν χαριν και αποστολην εισ υπακοην
durch den wir empfangen Gnade und Apostelamt zum Gehorsam
　　　haben

πιστεωσ εν πασιν τοισ εθνεσιν υπερ του ονοματοσ αυτου
Glaubens unter allen den Völkern für den Namen seinen

［注釈］パウロは自分自身のこと（のみ）を述べるときにもしばしば複数形の「私たち」という言い方をする。*ου*：関係代名詞で、前出のキリストを先行詞とする。*χαριν και αποστολην* 字義通りには「恩恵と使徒職」であるが「使徒職という恩恵」の意。*εισ υπακοην πιστεωσ*：「信仰の従順のために」とは「異邦人が従順にキリストを信仰するために」の意。

＜ラテン語＞

per quem accepimus gratiam et apostolatum ad oboediendum
通して(関代)受け取る 恵み と 使徒職 へ 従順

fidei in omnibus gentibus pro nomine eius
信仰 ですべての 種族 通して 名前 彼の

6. zu ihnen gehört auch ihr, die ihr von Jesus Christus berufen seid.

　この異邦人の中に、イエス・キリストのものとなるように召

されたあなたがたもいるのです。

　［注釈］die ihr：1・2人称の人称代名詞を先行詞とする関係代名詞の用法では、関係代名詞の後に人称代名詞が並置される。

＜ギリシア語＞

$εν$	$οισ$	$εστε$	$και$	$υμεισ$	$κλητοι$	$ιησου$	$χριστου$
unter	welchen	seid	auch	ihr	Berufene	Jesu	Christi

　［注釈］$οισ$：前出（5節）$τοισ εθνεσιν$（複数与格）を受ける。

＜ラテン語＞

in	quibus	estis	et	vos	vocati	Iesu	Christi
に	（関代）	いる	も	あなたたち	呼ばれた	イエス	キリスト

7. An alle in Rom, die von Gott geliebt sind, die berufenen Heiligen: Gnade sei mit euch und Friede von Gott, unserem Vater, und dem Herrn Jesus Christus.

神に愛され、召されて聖なる者となったローマの人たち一同へ。わたしたちの父である神と主イエス・キリストからの恵みと平和が、あなたがたにあるように。

　［注釈］sei：「～があるように」（接続法Ⅰ式・要求話法、他の用例：Gott sei Dank「神に（3格）感謝が（1格）あれ」）。

第3章　ローマ書　131

<ギリシア語>

πασιν τοισ ουσιν εν ρωμη αγαπητοισ θεου
an alle den seienden in Rom Geliebten von Gott

κλητοισ αγιοισ χαρισ υμιν και ειρηνη απο
berufenen Heiligen Gnade euch und Friede von

θεου πατροσ ημ ων και κυριου ιησου χριστου
Gott Vater unserem dem und Herrn Jesus Christus

[注釈] *κλητοισ αγιοισ : αγαπητοισ* に付加された説明的同格語。

<ラテン語>

omnibus qui sunt Romae dilectis Dei vocatis sanctis gratia
皆　（関代)いる　ローマ　愛された　神　呼ばれた　聖なる　愛

vobis　　et pax　a　Deo Patre nostro et Domino Iesu Christo
あなたたちと 平和から　神　父　私たちのと　　主　イエス キリスト

◆ローマ訪問の願い

8. Zunächst danke ich meinem Gott durch Jesus Christus für euch alle, weil euer Glaube in der ganzen Welt verkündet wird.

まず初めに、イエス・キリストを通して、あなたがた一同について私の神に感謝します。あなたがたの信仰が全世界に言い伝えられているからです。

［注釈］meinem Gott：パウロは「私の」神とは言っているが、文脈としては「私たちの」の意味でとるべきところである。in der ganzen Welt：やや誇張した言い方ではあるが、当時は地中海沿岸の地域がすなわち「世界」であった。

<ギリシア語>

πρωτον μεν ευχαριστω τω θεω   μου   δια ιησου χριστου
Zuerst einmal ich danke dem Gott meinem durch Jesus Christus

περι   παντων υμων οτι η   πιστισ υμων καταγγελλεται εν
im Blick auf alle   euch weil der Glaube euer verkündet wird in

ολω   τω   κοσμω
ganzen der   Welt

<ラテン語>

primum quidem gratias ago Deo meo per Iesum Christum pro
最初に 確かに 感謝する 神 私の通してイエスキリスト に

omnibus vobis   quia   fides   vestra   adnuntiatur in
 皆   あなたたち なぜなら 信仰 あなたたちの 知らされる   で

universo mundo
 全体の   世界

9. Denn Gott, den ich im Dienst des Evangeliums von seinem Sohn mit ganzem Herzen ehre, ist mein Zeuge: Unablässig denke ich

an euch

わたしは、御子の福音を宣べ伝えながら心から神に仕えています。その神が証ししてくださることですが、わたしは、祈るときにはいつもあなたがたのことを思い起こし、

［注釈］Zeuge：「証人(あかしびと)」。unablässig：「絶え間なく」。

＜ギリシア語＞

μαρτυσ γαρ μου εστιν ο θεοσ ω λατρευω εν τω
Zeuge denn mein ist der Gott dem ich diene in dem

πνευματι μου εν τω ευαγγελιω του υιου αυτου
Geist meinem in der Verkündigung dem Sohn seinem
　　　　　　　der Frohbotschaft

ωσ αδιαλειπτωσ μνειαν υμων ποιουμαι
wie unablässig Erwähnung von euch ich mache

［注釈］*γαρ*：なぜ神に感謝するのかその理由を述べている。
εν τω ευαγγελιω του υιου αυτου：「彼の御子の福音において」つまり「福音を述べ伝えることにおいて」・「福音のための働きにおいて」の意。

＜ラテン語＞

testis enim mihi est Deus cui servio in spiritu meo in evangelio
証人 なぜなら 私 ある 神(関代)仕えるで 魂 私ので 福音

```
Filii  eius   quod    sine     intermissione memoriam
息子 彼の ～の事実 なしで  中断          記憶・意識

vestri      facio
あなたたちの なす
```

10. in allen meinen Gebeten und bitte darum, es möge mir durch Gottes Willen endlich gelingen, zu euch zu kommen.

何とかしていつかは神の御心によってあなたがたのところへ行ける機会があるように、願っています。(53)

[注釈] möge：mögen の接続法Ⅰ式、「～できればいいのだが」。
zu euch：「ローマの信者たちのもとへ」。

<ギリシア語>

```
παντοτε επι των προσευχων   μου    δεομενοσ ει   πωσ
allezeit in den Gebeten    meinen  bittend ob vielleicht

ηδη     ποτε    ευοδωθησομαι      εν   τω  θεληματι του θεου
endlich einmal ich einen guten Weg nach dem Willen  des Gottes
                geführt werde

  ελθειν      προσ υμασ
zu kommen    zu  euch
```

第3章 ローマ書 135

［注釈］ευοδωθησομαι：ευοδοω の未来受動態。受動態では「順調である・成功する」の意。

<ラテン語>

semper in orationibus meis obsecrans si　　quo　　modo
いつも　で　　祈り　　私の　切願する　～か　そこへ　今に
　　　　　　　　　　　　　　　　　　　　　　どうか

tandem aliquando
ついに いつか

prosperum iter habeam in voluntate Dei veniendi　ad　　vos
願い通りの　道　もつ　で　計画　　神　来る　　へ　あなたたち

11. Denn ich sehne mich danach, euch zu sehen; ich möchte euch geistliche Gaben vermitteln, damit ihr dadurch gestärkt werdet,

あなたがたにぜひ会いたいのは、"霊"の賜物をいくらかでも分け与えて、力になりたいからです。(54)

［注釈］sich[4] nach jm. (et.[3]) sehnen：「～を切望する」。

<ギリシア語>

επιποθω　　γαρ　　ιδειν υμασ　ινα　τι　μεταδω　χαρισμα
Ich sehne mich nämlich zu sehen euch　damit etwas ich mitteile Gnadengabe

υμιν　πνευματικον εισ　το　　στηριχθηναι　υμασ
euch　geistlich　　dazu　dass　gestärkt werdet　ihr

136

［注釈］γαρ：「なぜなら」（パウロがローマ行きを願っている理由を述べる）。

<ラテン語>

desidero	enim	videre	vos	ut	aliquid	inpertiar	gratiae
望む	なぜなら	会う	あなたたち	〜するために	いくらか	分け与える	恵み

vobis	spiritalis	ad	confirmandos	vos
あなたたち	霊的な	へ	強める	あなたたち

12. oder besser: damit wir, wenn ich bei euch bin, miteinander Zuspruch empfangen durch euren und meinen Glauben.

あなたがたのところで、あなたがたとわたしが互いに持っている信仰によって、励まし合いたいのです。

［注釈］oder besser：「私の言いたいことを別の言い方をしてうまく伝えようとすれば」の意、ローマ訪問の理由を述べる。Zuspruch：「（激励の）話しかけ（の言葉）」。

<ギリシア語>

τουτο	δε	εστιν	συμπαρακληθηναι	εν	υμιν	δια
dies	aber	ist	(dass ich) mitgetröstet werde	unter	euch	durch

τησ	εν	αλληλοισ	πιστεωσ	υμων	τε	και	εμου

第3章　ローマ書　137

den　unter-einanderGlauben von euch　sowohlals auch von mir

［注釈］τουτο δε εστιν：前の語・句・文を説明する時に用いる。「すなわち・つまり」の意。「～のところで」：ギリシア語原文では εν「～の中で」。ギリシア語の動詞 παρακαλεω の原義は「呼び掛ける」、ここでは接頭辞 συμ と共に用いられ「一緒に・互いに」の意味が加わる。εν αλληλοισ：「お互いのうちにある」の意で「信仰」にかかる。

<ラテン語>
id　est　simul　consolari　in　　vobis　per　eam quae invicem est
それ〜で 一緒に　励ます　　〜の　あなた　〜に　その(関代)相互に　〜で
　　ある　　　　　　　　　　中で　たちより　　　　　　　　　　　ある

fidem　vestram　atque　meam
信仰　あなた　および　私の
　　　たちの

13. Ihr sollt wissen, Brüder, dass ich mir schon oft vorgenommen habe, zu euch zu kommen, aber bis heute daran gehindert wurde; denn wie bei den anderen Heiden soll meine Arbeit auch bei euch Frucht bringen.

兄弟たち、ぜひ知ってもらいたい。ほかの異邦人のところと同じく、あなたがたのところでも何か実りを得たいと望んで、何回もそちらに行こうと企てながら、今日まで妨げられているのです。

[注釈] gehindert wurde：「(今まで) 妨げられてきた」(ここでは、伝道が広範囲であるため多忙であったからという理由につながっている。「ローマ」15:22 参照)。

＜ギリシア語＞

ου	θελω	δε	υμασ αγνοειν	αδελφοι	οτι	πολλακισ
nicht	ich will	aber	(dass) ihr wißt nicht	Brüder	dass	oft

προεθεμην	ελθειν προσ υμασ και	εκωλυθην	αχρι
ich mir vorgenommen habe	zu kommen zu euch doch	ich bin verhindert worden	bis zu

του δευρο	ινα τινα καρπον σχω	και εν υμιν
dem hierher	damit einige Frucht ich habe	auch unter euch

καθωσ και	εν τοισ λοιποισ εθνεσιν
wie auch	unter den übrigen Völkern

[注釈] ου θελω δε υμασ αγνοειν：ギリシア語原文では「知らずにいてほしくない」という二重否定の構文。この表現はパウロがよく用いる句である。ドイツ語テキストでは、ihr sollt wissen「知ってもらいたい」となっている。

＜ラテン語＞

nolo	autem	vos	ignorare	fratres	quia	saepe	proposui	venire	ad	vos
欲しない	しかし	あなたたち	不知である	兄弟	なぜなら	しばしば	企てる	来る	へ	あなたたち

第3章　ローマ書　139

et prohibitus sum usque adhuc ut aliquem fructum habeam
と 妨げられ た ～まで 今まで～する若干の 果実 もつ
　　　　　　　　　　　　　ために
et in vobis sicut et in ceteris gentibus
と に あなた ～のよ と に その他の 種族
　　　たち　　うに

［注釈］et ~ et − :「～も − も」。

14. Griechen und Nichtgriechen, Gebildeten und Ungebildeten bin ich verpflichtet;

わたしは、ギリシア人にも未開の人にも、知恵のある人にもない人にも、果たすべき責任があります。

［注釈］Griechen ~ Ungebildeten：文法的にはいずれも３格（「～に」）の形をとっている。

＜ギリシア語＞
ελλησιν τε   και   βαρβαροισ σοφοισ τε   και
Griechen sowohl als auch Nichtgriechen Weisen sowohl als auch
ανοητοισ   οφειλετησ ειμι
Unverständigen Schuldner ich bin

［注釈］「未開の人」 $βαρβαροι$：ギリシア人が非ギリシア人のことを軽蔑して呼ぶ言い方（ただし、ギリシア民族以外でも、ヘ

レニズム時代にギリシア語を話す人は自分のことを皆ギリシア人だと思っていたので、ここでは「ギリシア語を話さない人びと」のこと。よって、この独訳には Nichtgriechen が当てられている)。*οφειλετησ ειμι*：「私は負債者である」とは「私は〜する義務がある・〜しなければならない」の意。

＜ラテン語＞

Graecis	ac	barbaris	sapientibus	et	insipientibus	debitor	sum.
ギリシア人	および	野蛮人	賢人	と	非・賢人	負債者	〜である

［注釈］debitor：「負債者」とは「負い目のある人」の意。

15. so liegt mir alles daran, auch euch in Rom das Evangelium zu verkündigen.

それで、ローマにいるあなたがたにも、ぜひ福音を告げ知らせたいのです。

［注釈］jm. an et.³ liegen：「〜にとって重要度が—である」。

＜ギリシア語＞

ουτωσ	το	κατ	εμε	προθυμον	και	υμιν	τοισ	εν
so (ist)	die	gemäß	mir	Geneigtheit	auch	euch	den	in

第3章 ローマ書 141

ρωμη　ευαγγελισασθαι
Rom die Frohbotschaft zu
　　Verkündigen

［注釈］ουτωσ：ここでは「そういう事情で・それゆえ」の意。

<ラテン語>

ita quod in me promptum est et vobis qui Romae estis evangelizare
この(関代) で 私　進んでする〜でもあなた(関代)ローマ 〜に 福音を伝える
ように　　　　　　　　　　　ある　たち　　　　　いる

◆福音の力(55)

16. Denn ich schäme mich des Evangeliums nicht: Es ist eine Kraft Gottes, die jeden rettet, der glaubt, zuerst den Juden, aber ebenso den Griechen.

わたしは福音を恥としない。福音は、ユダヤ人をはじめ、ギリシア人にも、信じる者すべてに救いをもたらす神の力だからです。

［注釈］jeden：den Juden および den Griechen と同格。

<ギリシア語>

ου　　γαρ　　επαισχυνομαι　το ευαγγελιον　δυναμισ　γαρ
nicht denn ich schäme mich der Frohbotschaft　Kraft　denn

θεου εστιν εις σωτηριαν   παντι τω πιστευοντι
Gottes sie ist zur   Rettung   jedem dem Glaubenden

ιουδαιω τε   πρωτον   και   ελληνι
Juden   sowohl zuerst als auch Griechen

　［注釈］ギリシア語文の先頭にある *γαρ*：「なぜなら」の意。前節までのところでパウロは自分は異邦人のための宣教師であると主張していて、その理由が16～17節で述べられている。

<ラテン語>

non   enim   erubesco evangelium virtus   enim   Dei   est
～ないなぜなら 赤面する   福音   力 なぜなら 神　～である

in   salutem omni credenti Iudaeo primum et Graeco
に   救済   すべての 信じる   ユダヤ人   まず   もギリシア人

17. Denn im Evangelium wird die Gerechtigkeit Gottes offenbart aus Glauben zum Glauben, wie es in der Schrift heißt: Der aus Glauben Gerechte wird leben.

　福音には、神の義が啓示されていますが、それは、初めから終わりまで信仰を通して実現されるのです。「正しい者は信仰によって生き る(56)」と書いてあるとおりです。

　［注釈］Schrift：『聖書』のこと。

第3章　ローマ書　143

＜ギリシア語＞

δικαιοσυνη   αρ   θεου   εν   αυτω   αποκαλυπτεται   εκ
Gerechtigkeit denn Gottes in   ihr   wird offenbart aus

πιστεωσ   εισ   πιστιν   καθωσ   γεγραπται   ο   δε   δικαιοσ
Glauben zum Glauben   wie   ist geschrieben der aber Gerechte

εκ   πιστεωσ   ζησεται
aus Glauben   wird leben

［注釈］*εκ πιστεωσ εισ πιστιν*：「信仰から信仰へ」の意で *αποκαλυπτεται* にかかる。「信仰から出て信仰に至らせる」・「信仰に始まり信仰に終わる」の意。

＜ラテン語＞

iustitia enim   Dei in eo   revelatur   ex   fide   in   fidem sicut
正当　なぜなら 神 にそれ 啓示する 〜から 信仰へ 信仰 〜のように

scriptum   est   iustus   autem   ex   fide   vivit
書かれて いる 正当な しかし 〜から 信仰 生きる

［注釈］eo：指示しているのは福音。

ここまでで読者の方々は、『聖書』のドイツ語にずいぶん馴れてこられたことと思う。中には、ドイツ語で読むのはもとより、そもそも日本語でもこれほどたくさん『聖書』を読んだ経

験は初めてという方もいらっしゃったかもしれない。

　本章の最後にあたって皆様には、長文をご紹介したい。いままで比較的短い文を用いて、ギリシア語やラテン語など他の言語と比較しながら学習を進めてきたわけだが、ここではその知識をもとに長文にチャレンジしていただきたい。ただ以下、ご紹介するのは『聖書』のドイツ語ではない。読者の皆さんが日頃、学び、使われている現代ドイツ語である。この文章（ボンヘッファー）を通じ、明瞭なドイツ語のスタイルというものを感じていただければ幸いである。

<ボンヘッファーのテキスト③>[57]

「マルコ福音書」(第9章)についての説教[58]

> あなたが信じることができさえしたら。信じる者にはどんなことでもできる。[…] 信じます。愛する主よ、不信仰な私をお助け下さい。(マルコ福音書 9:23-24, „Wenn du könntest glauben! Alle Dinge sind möglich dem, der da glaubt. ... Ich glaube, lieber Herr, hilf meinem Unglauben.")

　人間的に見れば希望のもてないような状態にある1人の人に向かってイエスは言い給う。あなたが信じることができさえしたら、もしそうであったら、あなたは意気消沈してここに立ってはいないであろう。もしどうであったら——あなたにできないことは何もないことを——あなたは知るであろう。自分の子どもが——人間的に言えば——不治の病にかかっており、その子を助けるためなら、何でもしようと思っているが、しかし不治の病を力なくただ見ている他ない1人に父親に向かって、イエスはそのように語りかけられる。この父親は、弟子たちに通じるすべての道を歩み尽くした。もはやただ1つの道しか残っていない。すなわち、彼がそれを不安がっている道、いかなる人も——初めてそこを歩む時には——その前に戦慄する道、イエスへの道しか残されていない。どうして、私たちは何かがうまくいかない時に、キリストご自身のところに行くこの道よりも、むしろ他の道を好んで歩むのであろうか。どうして、私たちはこの道を避けるのであろうか。ここでは、ある大変な問い、すなわち、あなたは信じることができるという問いに答え

146

ねばならないのを私たちは知っているからである。あなたの生全体をただ神への大いなる信頼と冒険となるように信じることができるか。あなたは右も左も脇見をしないで、神に向かって自らのなさねばならぬことをするというふうに、信じることができるか。神に服従する者となるほどに、信じることができるか。あなたは信じることができるか。あなたが信じることができさえしたら、そう、それさえできたら、あなたのところにはすでに助けがあるであろうに。それさえできたら、あなたにできないことはもはや何もないであろう。ああ、私がただ信じることができさえしたら。わたしはついこの前、聖フランチェスコ⁽⁵⁹⁾の生涯の上演を見た時にそうであったのだが⁽⁶⁰⁾、信仰によって生きかつ死んだ人の人生を見ることさえできるのなら、そのために自分たちが個人的にどうなるかということは意に介せず、キリストが私たちに欲し給うところに単純に従って生きること、それこそが苦労してでも歩むに価する道であると、私たちは確信できるであろうから。そうすれば、私がただ信じることができさえしたらという言葉が私をしっかりと捕えることであろう。

Zu einem Menschen in einer menschlich gesehen hoffnungslosen Lage sagt Jesus: wenn du glauben könntest. Dann stündest du nicht verzagt hier, dann wüßtest du – es gibt für dich nichts Unmögliches. Zu einem Vater, dessen Kind – menschlich geredet – unheilbar krank ist und der alles tun will, um Seinem Sohn zu helfen und der doch machtlos dem Unheil zusehen muß. Alle Wege bis hin zu den Jüngern ist der Vater gegangen, bis ihm nur der eine Weg noch bleibt, ein Weg, vor dem ihm bangt, ein Weg, vor dem jedem Menschen schaudert – wenn er ihn zum erstenmal geht – der Weg zu Jesus. Warum gehen wir alle anderen Wege lieber als diesen Weg zu Christus selbst, wenn etwas nicht stimmt? Warum vermeiden wir diesen Weg? Weil wir wissen, daß wir hier Antwort geben müssen auf eine große Frage und diese Frage heißt: Kannst Du glauben? So glauben, daß dein ganzes Leben ein einziges großes Trauen und Wagen auf Gott geworden ist, so glauben, daß du nicht rechts und links siehst, sondern auf Gott hin tust, was du tun mußt, so glauben, daß du Gott gehorchst? Kannst du glauben? Wenn du glauben könntest, ja dann wäre die Hilfe schon da, dann ist Dir nichts mehr möglich. Ach, wenn ich nur glauben könnte! Wenn wir das Leben eines Menschen, der im Glauben lebte und starb, sehen dürfen, wie es mir in diesen Wochen ging, als ich eine Darstellung des Lebens des heiligen Franziskus sah, da werden wir überzeugt, daß dies der Weg wäre, den es der Mühe wert wäre zu geben; einfach danach leben, was Christus von uns wollte; unbekümmert um das, was für uns persönlich daraus wird – dann packt es uns an.[61]

☞ コラム

> ボンヘッファー③

　ヒトラーの排除を決意したボンヘッファーであったが、独裁政権下で一切の反政府行動が禁じられているナチス・ドイツにあって、それは即ちヒトラー暗殺という非常手段を選択することにつながった。暗殺という行為は、キリスト者にとって極めて重い決断であることは言うまでもない。しかし、結果的に殺人という罪を犯すことはボンヘッファーのキリスト教理解とは矛盾しない。なぜなら、イエスは愛のために罪ある者となったからである。限界状況（Grenzfall）で愛のために罪責を引き受けることは、むしろイエスの言動と重なるのである。イエスが罪人として磔にされたことは言うまでもない。キリスト者ならば、罪を負う必要のない者が敢えて罪を背負うという生き方がイエスに倣ったものであることは痛いほどわかることである。ボンヘッファーにとってのキリスト教とはイエスの人間性そのものであり、イエスのようにたとえ無力であっても他者のために幾多の苦難を引き受けながらメシア的に勇敢にして行動的にかつ現実的に生きることがボンヘッファーにとって何より大切で尊いことなのであった。

☞ コラム

聖フランシスコ

小鳥に説教をするフランシスコ

1182年イタリアはアッシジ生まれの聖人フランシスコは、キリスト者でない人にも名が知れ渡っているほどに、その生き方が今日の私たちにも関わりをもつ人物である。若い頃、騎士への憧れを抱いていたフランシスコに、あるとき、空想ではない現実的な出来事が起こった。それは、南イタリアのプーリアというところでのローマ教皇庁と神聖ローマ帝国との武力衝突であった。プーリアでは、神聖ローマ皇帝ハインリッヒ6世の王子フリードリッヒ2世の後見をめぐって、教皇インノセント3世とドイツの諸侯との間に戦いが続いていた。最終的に教皇軍が勝利に至り、この勝利にイタリアは沸き立ち、さらに教皇軍を支援するためアッシジからも騎士や戦士が南イタリアに出発することになった。武勲を立て騎士に叙され、こうして故郷に錦を飾る。これがフランシスコの描いていた夢であった。

ある日（23歳頃）、フランシスコは夢を見る。やがて騎士になり貴族となることを夢見る彼が援軍としてアッシジから約40キロ離れたスポレートというところまで来たときのことである。ある不思議な声がフランシスコに呼び掛ける：「フランシスコ、

主人と僕に仕えるのはどちらが優れていると思うか」。彼は答える：「もちろん主人に仕えるほうです」。その声は再び問い掛ける：「では、なぜ主人を捨て、僕に仕えようとするのか」。軍人たちや彼らが仕える教皇も主人でないとすれば、誰が自分にとって主人たり得るのか。自らに問いかけフランシスコは自ずから答が得られたに違いない。神こそが最高の主人なのだと。その不思議な声は彼に、故郷アッシジに帰りそこで示されることを待つようにと命じる。目に見えない偉大な存在者がこの後ずっとフランシスコの心を捕らえることになる。その後のアッシジでの彼の生き方が、現代の我々をも魅了し影響を与え続ける聖フランシスコそのものなのである。[62]

☞ **コラム**

フランシスコ「太陽の歌」

　フランシスコ「太陽の賛歌」：13世紀イタリアに生きたアッシジのフランシスコが1255年、死も間近な床の上で書き残した。

　神よ、造られたすべてのものによって、私はあなたを賛美します。
　私たちの兄弟、太陽によってあなたを賛美します。太陽は光をもって私たちを照らし、その輝きはあなたの姿を現します。

　私たちの姉妹、月と星によってあなたを賛美します。月と星はあなたのけだかさを受けています。
　私たちの兄弟、風によってあなたを賛美します。風はいのちのあるものを支えます。

　私たちの姉妹、水によってあなたを賛美します。水は私たちを清め、力づけます。

　私たちの兄弟、火によってあなたを賛美します。火はわたしたちを暖め、よろこばせます。

　私たちの姉妹、母なる大地によってあなたを賛美します。大地は草や木を育て、みのらせます。

神よ、あなたの愛のためにゆるしあい、病と苦しみを耐え忍ぶものによって、私はあなたを賛美します。終わりまで安らかに耐え抜くものは、あなたから永遠の冠を受けます。
私たちの姉妹、体の死によってあなたを賛美します。この世に生を受けたものは、この姉妹から逃れることはできません。大罪のうちに死ぬひとは不幸なものです。

神よ、あなたの尊いみ旨を果たして死ぬ人は幸いなものです。
第二の死は、かれを損なうことはありません。
神よ、造られたすべてのものによって、私は深くへりくだってあなたを賛美し、感謝します。

　次ページより、古イタリア語のテキストと現代ドイツ語の翻訳文をご紹介しているので、併せご覧いただきたい。

太陽の歌

古イタリア語

CANTICUM FRATRIS SOLIS
VEL LAUDES CREATURARUM
Incipunt laudes creaturarum quas fecit beatus Franciscus
ad laudem et honorem Dei cum esset infirmus apud sanctum Damianum

Altissimu onnipontente bon signore,
tue so le laude la gloria e l'honore et onne benedictione.

Ad te solo, altissimo, se konfano,
et nullu homo ene dignu te mentovare.

Laudato si, mi signore, cun tucte le tue creature,
spetialmente messor lo frate sole,
lo qual'è iorno, et allumini noi per loi.
Et ellu è bellu e radiante cun grande splendore,
de te, altissimo, porta significatione.

Laudato si, mi signore, per sora luna e le stelle,
in celu l'àl formate clarite et pretiose et belle.

Laudato si, mi signore, per frate vento,
et per aere et nubilo et sereno et onne tempo,

現代ドイツ語

Höchster, allmächtiger, guter Herr,
dein sind der Lobpreis, die Herrlichkeit und Ehre und jeglicher Segen.

Dir allein, Höchster, gebühren sie,
und kein Mensch ist würdig, dich zu nennen.

Gelobt seist du, mein Herr, mit allen deinen Geschöpfen,
zumal dem Herrn Bruder Sonne;
er ist der Tag, und du spendest uns das Licht durch ihn.
Und schön ist er und strahlend in großem Glanz,
dein Sinnbild, o Höchster.

Gelobt seist du, mein Herr, durch Schwester Mond und die Sterne;
am Himmel hast du sie gebildet, hell leuchtend und kostbar und schön.

Gelobt seist du, mein Herr, durch Bruder Wind und durch Luft
und Wolken und heiteren Himmel und jegliches Wetter, durch das du

per lo quale a le tue creature dai sustentamento.	deinen Geschöpfen den Unterhalt gibst.
Laudato si, mi signore, per sor aqua, *la quale è multo utile et humile et pretiosa et casta.*	Gelobt seist du, mein Herr, durch Schwester Wasser, gar nützlich ist es und demütig und kostbar und keusch.
Laudato si, mi signore, per frate focu, *per lo quale enn'allumini la nocte,* *ed ello è bello et iocundo et robustoso et forte.*	Gelobt seist du, mein Herr, durch Bruder Feuer, durch das du die Nacht erleuchtest; und schön ist es und liebenswürdig und kraftvoll und stark.
Laudato si, mi signore, per sora nostra matre terra, *la quale ne sustenta et governa,* *et produce diversi fructi con coloriti flori et herba.*	Gelobt seist du, mein Herr, durch unsere Schwester, Mutter Erde, die uns ernährt und lenkt (trägt) und vielfältige Früchte hervorbringt und bunte Blumen und Kräuter.
Laudato si, mi signore, per quelli ke persondano per lo tuo amore, *et sostengo infirmitate et tribulatione.* *Beati quelli ke 'l sosterrano in pace,* *ka da te, altissimo, sirano incoronati.*	Gelobt seist du, mein Herr, durch jene, die verzeihen um deiner Liebe willen und Krankheit ertragen und Drangsal. Selig jene, die solches ertragen in Frieden, denn von dir, Höchster, werden sie gekrönt werden.
Laudato si, mi signore, per sora nostra morte corporale, *da la quale nullu homo vivente pò skappare.* *Guai acquelli, ke morrano ne le peccata mortali:* *beati quelli ke trovarà ne le tue sanctissime voluntati,*	Gelobt seist du, mein Herr, durch unsere Schwester, den leiblichen Tod; ihm kann kein Mensch lebend entrinnen. Wehe jenen, die in schwerer Sünde sterben. Selig jene, die sich in deinem

ka la morte secunda nol farrà male.	heiligsten Willen finden, denn der zweite Tod wird ihnen kein Leid antun.
Laudate et benedicete mi signore, et rengraiate et serviateli cun grande humilitate.	Lobt und preist meinen Herrn und sagt ihm Dank und dient ihm mit großer Demut.

第4章

第一コリント書簡

(Der erste Brief an die Korinther)

コリントはギリシアにおける重要な貿易・商業都市（アテネから西へ約80キロ）で、この街は旅行者・商人が行き交う交通の要所であった。コリントの歴史は古く、すでに新石器時代（紀元前5千年期）からかなりの人が住んでいたという。紀元前8世紀には政治的・経済的にかなり繁栄した街であった。ちょうどアテネとスパルタの中間の要所を占めるため、時にアテネ側につき時にスパルタ側について、2大都市勢力間のいわば第3の都市として栄えた（基本的にコリントはアテネに対する抵抗勢力の中心であった）。紀元前5世紀後半、ペロポネソス戦争のきっかけを作ったのは、アテネの覇権主義に対してコリントが抵抗したからであった（この戦争でコリントは大きく破壊された）。その後、ローマ帝国の侵略に対するギリシア諸都市の抵抗の中心となったため、コリントの街は紀元前146年、ローマ軍に占領にされ完全に破壊されるに至った。ローマ帝国は、地中海を制覇する上で絶好の拠点であるこの町を廃墟のまま放っておくことはせず、カエサルがここに新たに植民都市を造り（紀元前44年）、退役軍人・解放奴隷らローマ市民権をもった者たちを入植させた。[63]

　「コリントの信徒への手紙」（Der Brief an die Korinther）はパウロがコリントの教会の共同体へしたためた書簡である（紀元55年春、エフェソスの町に滞在中に）。コリントの共同体がもめているという話を聞かされたパウロがこの手紙を通してコリントの共同体の人びとに伝えたかったことは「信仰によって一致してほしい」ということであった。コリントの信者たちには実際、多くの問題があったようである。教会内の分裂、結婚した人びとの問題、食物の件、礼拝のしかた、キリストの復活に関する

信仰上の問題など、パウロが彼らに書き送った手紙の内容は多岐に亘っている(64)。この時代の「初代教会」にもさまざまな問題があり、パウロのような人物にあっても常に悩みや苦しみがあったことを伝える書簡となっている(65)。

この書簡の第12章の最後の部分から第13章にかけて、「それまで述べてきた聖霊の賜物を要約して、愛と比較しながら、愛こそ最も大切である」と繰り返す。「やがて預言も異言も知識もすたれる時が来る。しかし、いつまでも残るのは、信・望・愛であり、中でも一番優れているのは愛である」とパウロは説く。第12章から第13章へとつながる橋渡しとなることばは「だが、あなたがたは、もっと大きな賜物を受けるように熱心に努めなさい。そこで、私はあなたがたに最高の道を教えよう」というメッセージであり、締め括りのことばは「愛を追い求めなさい」である（13章2・3節)(66)。

以下に挙げる第13章（4節～13節）のテキストは次のような内容である。

4節～7節：「愛の特性」（愛だけが罪性に打ち勝つ）
8節～13節：「愛の至高性」（信・望・愛の永続性）

この中、「愛の賛歌」と呼ばれる箇所が、8節「愛は決して絶えることがない」～13節「いつまでも残るものは信仰と希望と愛である。その中で一番優れているのは愛だ」という部分である。本章では、標準ドイツ語と併せて、北ドイツで話されている低地ドイツ語、および、ドイツ語と親縁関係にある同じゲルマン語のオランダ語・英語のテキストを並置し、それらの

第4章　第一コリント書簡　159

構造上の差異を比較・検討する。

コリント書簡　第13章 ——愛[67]——

4. 愛は忍耐強い。愛は情け深い。ねたまない。愛は自慢せず、高ぶらない。

Die Liebe ist langmütig und freundlich, die Liebe eifert nicht, die Liebe treibt nicht

Mutwillen, sie bläht sich nicht auf,

低地ドイツ語[68]：
De Leevd is gedüllig.　De Leevd is fründlich.　Se kennt keen Afgunst.　De Leevd prahlt nich.　Se blaast sik nich op.

[注釈] sik：再帰代名詞「自らを」、標準ドイツ語の sich に相当する。

蘭[69]： De liefde is geduldig en vol goedheid. De liefde kent geen afgunst, geen ijdel vertoon en geen zelfgenoegzaamheid.

[注釈] kent geen afgunst：「ねたみを知らない」この箇所など低地ドイツ語にかなり近い。ijdel vertoon：「虚しい誇示」。zelfgenoegzaamheid：「独りよがり」。

英： Love suffers long and is kind; love does not envy; love does not parade itself, is not puffed up;

5．礼を失せず、自分の利益を求めず、いらだたず、恨みを抱かない。

sie verhält sich nicht ungehörig, sie sucht nicht das Ihre, sie läßt sich nicht erbittern, sie rechnet das Böse nicht zu,

　［注釈］Ihre：「彼女（＝愛）の」の意の所有形容詞、大文字書きで強調されている。

低ド：Se deit, wat sik höört. Se denkt nich an sik sülm. Se warrd nich bitter. Se driggt nix nah.

　［注釈］deit：「〜する」（不定詞 doon、英語の do「〜する」）の３人称単数形。wat sik höört：標準語形では was sich gehört となる。sülm：「自身」（selbst）。driggt nix nah：標準語形では trägt nichts nach となる（driggt の不定詞は dregen）。

蘭：Ze is niet grof en niet zelfzuchtig, ze laat zich niet boos maken en rekent het kwaad niet aan,

　［注釈］laat zich：「自らに〜させる」という再帰的用法。aan|rekenen：「みなす」。

英：does not behave rudely, does not seek its own, is not provoked, thinks no evil;

6．不義を喜ばず、真実を喜ぶ。

sie freut sich nicht über die Ungerechtigkeit, sie freut sich aber an der Wahrheit;

低ド：Se freut sik nich öwer Unrecht, nä se freut sik öwer de Wahrheit.

［注釈］nä：= ne「いや」（話し言葉的）。

蘭：ze verheugt zich niet over het onrecht maar vindt vreugde in de waarheid.

［注釈］zich verheugen over ~ :「～を喜ぶ」。

英：does not rejoice in iniquity, but rejoices in the truth;

7．すべてを忍び、すべてを信じ、すべてを望み、すべてに耐える。

sie erträgt alles, sie glaubt alles, sie hofft alles, sie duldet alles.

低ド：Se verdriggt allens. Se glöövt allens. Se hööpt allens. Se driggt allens in Geduld.

［注釈］(ver-)driggt：不定詞は (ver-)dregen「耐える」。

蘭：Alles verdraagt ze, alles gelooft ze, alles hoopt ze, in alles volhardt ze.

［注釈］vol|harden：「(屈せずに) 頑張る」、いずれの文でも、主語 (ze = de liefde) が後置されている。

英：bears all things, believes all things, hopes all things, endures all things.

8. 愛は決して滅びない。預言は廃れ、異言はやみ、知識は廃れよう、

Die Liebe hört niemals auf, wo doch das prophetische Reden aufhören wird und das Zungenreden aufhören wird und die Erkenntnis aufhören wird.

低ド：De Leevd hett keen Enn. Prophetengaav höllt op. Un >Tungenspreken< höllt op. Un dat Weten höllt op.

［注釈］keen Enn：kein Ende, つまり「終わりがない」の意。Gaav：Gabe「賜物・天分」。op|hollen：標準語の auf|hören「止む」。Un：Und「そして」。Tungenspreken：Zungenreden「異言」。Weten：Wissen「知識」。

蘭：De liefde zal nooit vergaan. Profetieën zullen verdwijnen, klanktaal zal verstommen, kennis verloren gaan –

［注釈］zal (不定詞：zullen) +不定詞：未来形「〜だろう」。verloren gaan：「失われていく」(この文では kennis「知識」の後に zal が省略されている)。

第4章 第一コリント書簡 163

英：Love never fails. But whether *there* are prophecies, they will fail; whether *there are* tongues, they will cease; whether *there is* knowledge, it will vanish away.

9. わたしたちの知識は一部分、預言も一部分だから。
Denn unser Wissen ist Stückwerk, und unser prophetisches Reden ist Stückwerk.

　低ド：Uns' Weten is Stückwark, un uns' Predigen is ok Stückwark.

　　［注釈］wark：werk「作品・仕事」, ok：auch「〜も」。

　蘭：want ons kennen schiet tekort en ons profeteren is beperkt.

　　［注釈］tekort schieten：「不足している」(70)。

　英：For we know in part and we prophesy in part.

10. 完全なものが来たときには、部分的なものは廃れよう。
Wenn aber kommen wird das Vollkommene, so wird das Stückwerk aufhören.

　低ド：Wenn inst allens vullkamen is, denn höllt dat Stückwark op.

[注釈] inst：einst「いつか」、denn：dann「そうなると」。

蘭：Wanneer het volmaakte komt zal wat beperkt is verdwijnen.

[注釈] volmaakt：vol|maken「完璧にする」の過去分詞。wat beperkt is：「限られた（ところの）もの」（不定関係代名詞）。

英：But when that which is perfect has come, then that which is in part will be done away.

11. 幼子だったとき、わたしは幼子のように話し、幼子のように思い、幼子のように考えていた。成人した今、幼子のことを棄てた。

Als ich ein Kind war, da redete ich wie ein Kind und dachte wie ein Kind und war klug wie ein Kind; als ich aber ein Mann wurde, tat ich ab, was kindlich war.

低ド：As ik noch en Kind weer, do snack ik as en Kind, un ik dach as en Kind, un ik uurdeel as en Kind. Awers siet dat ik en Mann worrn bün, heff ik Kinneraart afleggt.

[注釈] as：= als「～の時・～として」。weer：= was（seinの過去形）。Deel：= Teil, Uur|deel = Urteil. awer(s)：= aber「しかし」。siet：= seit「～以来」。worrn：warrn「～

第4章　第一コリント書簡　165

になる」の過去分詞。bün：= bin（sein の 1 人称単数形）。Aart：= Art「やり方・性質」, af：= weg「離れて」, leggen：= legen.

蘭：Toen ik nog een kind was sprak ik als een kind, dacht ik als een kind, redeneerde ik als een kind. Nu ik volwassen ben heb ik al het kinderlijke achter me gelaten.

[注釈] redeneren：「判断する」。nu：「～であるからには」（従属接続詞、= 英 now that）。

英：When I was a child, I spoke as a child, I understood as a child, I thought as a child; but when I became a man, I put away childish things.

12. わたしたちは、今は、鏡におぼろに映ったものを見ている。だがそのときには、顔と顔とを合わせて見ることになる。わたしは、今は一部しか知らなくとも、そのときには、はっきり知られているようにはっきり知ることになる。
Wir sehen jetzt durch einen Spiegel ein dunkles Bild; dann aber von Angesicht zu Angesicht.　Jetzt erkenne ich stückweise; dann aber werde ich erkennen, wie ich erkannt bin.

低ド：Wat wi nu sehn doot, dat is, as wenn een in'n halfblinnen Speegel kickt, un dat is vull vun Radels.　Inst awers seht wi vun Angesicht to Angesicht.　Hier op de Eerd is mien Weten man Stückwark.　Inst awers lehr ik allens richtig kennen, so as Gott mi ganz un gor kennen deit.

［注釈］doot, deit：「する」（＜不定詞 doon）、「doon ＜する＞＋他の動詞の不定詞」という構文をとっている、wat wi nu sehn doot は字義どおりには „was wir nun sehen tun" となり「私たちが今、見ているもの」という意味である。dat is：「すなわち」。as：＝ wie（よって、as wenn ＝ „wie wenn"）, in'n：＝ in en, half-blinn：＝ half-blind「不透明な」。kiken：「見る」。Radel：Rätsel「謎」。Eerd：＝ Erde「地球」, man：「〜だけ」。as：＝ wie, gor：＝ gar.

蘭：Nu kijken we nog in een wazige spiegel, maar straks staan we oog in oog. Nu is mijn kennen nog beperkt, maar straks zal ik volledig kennen, zoals ik zelf gekend ben.

［注釈］wazig：「ぼんやりした」。gekend：kennen「知る」の過去分詞。

英：For now we see in a mirror, dimly, but then face to face. Now I know in part, but then I shall know just as I also am known.

13. それゆえ、信仰と、希望と、愛、この三つは、いつまでも残る。その中で最も大いなるものは、愛である。
Nun aber bleiben Glaube, Hoffnung, Liebe, diese drei; aber die Liebe ist die größte unter ihnen.

低ド：So blifft nu: Glooben, Höpen, Leevd, disse dree. Awers de gröttste vun ehr all is de Leevd.

［注釈］vun ehr all：「これら３つのすべてのうち」。

蘭：Ons resten geloof, hoop en liefde, deze drie, maar de grootste daarvan is de liefde.

英：And now abide faith, hope, love, these three; but the greatest of these is love.

［注釈］abide：「とどまる」。

コリント書簡　第14章——異言と預言

　異言（Glossolalia）とは信仰上、高揚した状態で無意識に発する音現象のことである。[71]『新約聖書』に見られる異言への言及は例えば次のような箇所に見出される。「使徒言行録」2章11-13節にペンテコステの日（＝五旬節・聖霊降臨日）の異言に関する記述がある。そこには、弟子たちは「他国のことばで話し出した」と書かれている。他国の「ことば」(glossa)とは通常、ことばを話す器官である舌と話すことばの両方を意味する。「他」(heterais)とは弟子たちが自国語ではないことばで話したことを示している。すなわち、弟子たちが学んだことのない、母語でない言語を話し出したという現象である。聖霊に満たされ他国のことばで話したのだという見解である。[72]

　上記のペンテコステの異言は、未信者への宣教のために与え

られた外国語という位置づけであった。ところが、コリントの異言は別の種類のものらしく、宣教のためのことばとは別の新しい現象であるとみなされる。そこでパウロも異言を、御霊が分配される賜物の1つとして認め、これを尊重しているが同時に、異言の賜物を教会の道徳に向けて用いるために厳しい条件を提示している。本14章で、礼拝における異言問題について述べ、異言と預言を対比的に解き明かし（1節～12節）、結論として「異言を語る者はその解き明かしができるように祈る」よう説いている（13節[73]）。

第14章（1節～5節）の構成はおよそ次のようになっている。「御霊の賜物を熱心に追い求めよ」（1節）と述べた上で、

第2節：異言を話す者
　　・人びとに話すのでなく
　　・神に話している（というのは、誰も聞いていないのに自分の霊で神秘を話す）。
　　→自分の徳を高める。

第3節：預言する者
　　・徳を高め
　　・勧めをなし
　　・慰めを与えるため人に向かって話す。
　　→教会の徳を高める。

クリスチャンとしては、個人的な養い、成長の一助として異言は評価されるが、教会の徳を高めることに貢献することが課題となる（4節）。パウロは、異言のことを一定の評価はするが、

「異言の説き明かしをして教会の徳を高めるのでなければ、異言を話す者よりも預言をする者の方が優っている」と結論づけている（5節）[74]。

1. 愛を追い求めなさい。霊的な賜物、特に預言するための賜物を熱心に求めなさい。

   Strebt nach der Liebe! Bemüht euch um die Gaben des Geistes, am meisten aber um die Gabe der prophetischen Rede!

   低ド：Streevt nah disse Leevd! Un doot ju Möögd üm den Geist sien Gaben, am mehrsten üm de Prophetengaav.

   ［注釈］Möögd：= Meu(gt)「骨折り」。gaav：Gabe「賜物」。

   蘭：Jaag de liefde na en streef naar de gaven van de Geest, vooral naar die van de profetie.

   ［注釈］na|jagen：「追求する・得ようと努力する」。gave：「賜物」。

   英：Pursue love, and desire spiritual gifts, but especially that you may prophesy.

2. 異言を語る者は、人に向かってではなく、神に向かって語っています。それはだれにも分かりません。彼は霊によって神秘を語っているのです。

   Denn wer in Zungen redet, der redet nicht für Menschen,

sondern für Gott; denn niemand versteht ihn, vielmehr redet er im Geist von Geheimnissen.

低ド：Wenn een in >Tungen< spreken deit, denn sprickt he mit Gott un nich mit Minschen. Keen anner Minsch versteiht em. He sprickt in'n Geist vun Gott sien Geheemnis.

［注釈］anner：= ander, em：= ihn「彼を」。in'n：= in en （en：不定冠詞 ein）．

蘭：Iemand die in klanktaal spreekt, spreekt niet tot mensen maar alleen tot God. Niemand kan hem verstaan, want door toedoen van de Geest spreekt hij onbegrijpelijke taal.

［注釈］alleen：「ただ〜のみ」。toedoen：「関与」。on-begrijpe-lijk：「（人が）理解できない（ような）」。

英：For he who speaks in a tongue does not speak to men but to God, for no one understands him; however, in the spirit he speaks mysteries.

3．しかし、預言する者は、人に向かって語っているので、人を造り上げ、励まし、慰めます。
Wer aber prophetisch redet, der redet den Menschen zur Erbauung und zur Ermahnung und zur Tröstung.

低ド：De Prophet awers wennt sik in sien Reed an Minschen,

un sien Wöörd köönt opbuuen un vermahnen un trösten.

［注釈］wennen：= wenden「向ける」、sik：=sich, Reed：Rede「語り」。köönt：= können（3人称複数）。opbuuen：= aufbauen「築く」。vermahnen：= ermahnen「戒める・勧告する」。

蘭：Maar iemand die profeteert spreekt tot mensen, en wat hij zegt is opbouwend, troostend en bemoedigend.

［注釈］profeteren：「預言する」。

英：But he who prophesies speaks edification and exhortation and comfort to men.

＜ボンヘッファーのテキスト④＞

誘惑 ‘Versuchung’[75]

　『聖書』が悪魔を、誘惑をけしかけるものと呼んでいるとき、『聖書』は悪魔についてどのように記述しているであろうか。『聖書』はまず第一に、誘惑とはあくまでも神に逆らうことであると言っている。人間が神の言葉を疑い、神から離反するように誘惑される運命にあるということは、神の本質そのものからは理解できない。誘惑はいつでも神の敵である。第二に、神の敵は誘惑において神の意志でない何ごとかを行う力のことである。邪悪な敵（＝悪魔）は、どんな被造物もなし得なかったことをすることができる。すなわち、そのように、誘惑はどんな被造物よりも強い力なのである。誘惑とは、サタンの力がこの創造の世界に介入することである。悪魔が誘惑者であるなら、どんな被造物も自分の力で誘惑に抵抗することができない。没落せざるを得ない。サタンの力は非常に大きいのである。[76] 第三に、誘惑は惑わし、すなわち誤った方向に導くことである。それゆえに、誘惑は悪魔のすることである。なぜなら、悪魔は偽り者だからである。ヨハネ (8:44)：「彼が偽りを言う時、自分の本心から言っているのである。彼は偽り者であり、偽りの父であるからだ」。罪とは惑わしである。[77] 悪魔の惑わし・偽りとは、人間は神の言葉なしにも生きることができると信じさせようとすることである。それゆえ、悪魔は彼の幻想で騙して、ただ喜んで誘惑に誘われる者だけが入ることのできる信仰と力と平和の国を信じさせ、そして悪魔は、自分が悪魔として最後には神によって永遠に捨て去られるがゆえに、最も厭うべき不幸な存

在であることを人間には隠すのである。第四に、誘惑は悪魔からもたらされる。と言うのは、ここで悪魔は人間を訴える者になるからである。それはすべての誘惑において二重になっている部分である。すわなち、人間は神の言葉から離され、神は人間を捨て去らなければならないようにさせられる。訴える者が人間の罪を摘発したからである。［中略］誘惑の意味するところとは、つまり、人間が持っているすべてのものを奪い、人間が徹底的に無防備にされることである。貧困や病気や、信仰者による侮辱や排斥は、その人の回りに最も深い夜を生ぜしめる。この世の司としてのサタンが人間から奪うことのできるすべてのものを、サタンは人間から取り上げる。彼は人間を、試みられた者にとってはもはや神より他の何ものも残っていないという孤独の中へと押しやる。そして、ここでこそ人間は神をいたずらに恐れないということ、また人間は神を神のために愛するのではなく、この世の宝のために愛するのだ、ということが否応なしにわかってくる。どこかの場所でサタンは、ヨブが神をすべてのものに優って恐れず、愛さず、信頼してはいないのだということを明らかにしようとする。それゆえ、あらゆる誘惑は罪の啓示となり、訴える者はその場合に神よりも正しい者として立つのである。なぜなら、彼は罪を暴いたからである。彼は神をして裁かせるのである。

　このように、悪魔は誘惑において、神の敵・力・偽り者・告訴者であることが示される。試みの中にある人間にとって、それは次のようなことである。すなわち、神の敵が誘惑において認識されなければならないということ、神に逆らう力が誘惑において克服されなければならないということ、偽りが誘惑において仮面をはがされなければならないということである。

Was sagt die Schrift, wenn sie den Teufel den Urheber der Versuchung nennt? Sie sagt erstens, daß die Versuchung das ganz und gar Widergöttliche ist. Es ist aus dem Wesen Gottes selbst unbegreiflich, daß der Mensch zum Zweifel an Gottes Wort und zum Abfall von Gott verführt warden soll. Der Versucher ist allemal der Feind Gottes. Zweitens: Der Feind Gottes erweist in der Versuchung seine Macht, etwas zu tun, was Gottes Wille nicht ist. Was keine Kreatur aus sich heraus vermöchte, das kann der böse Feind, d.h. also, daß die Versuchung eine Macht ist, die starker ist als irgendeine Kreatur. Sie ist der Einbruch der Macht Satans in die Welt der Schöpfung. Ist der Teufel der Versucher, so kann keine Kreatur aus eigener Kraft der Versuchung widerstehen. Sie muß fallen. So groß ist die Macht des Satans (Eph. 6:12). Drittens: Die Versuchung ist Verführung, Irreführung. Darum ist sie vom Teufel; denn der Teufel ist ein Lügner. „Wenn er die Lüge redet, so redet er von seinem Eigenen; denn er ist ein Lügner und ein Vater derselben" (Joh. 8:44). Die Sünde ist ein Betrug (Hebr. 3:13). Der Betrug, die Lüge des Teufels liegt darin, daß er den Menschen glauben machen will, er könne auch ohne Gottes Wort leben. So spiegelt er seine Phantasie ein Reich des Glaubens,der Macht und des Friedens vor, in das nur der eintreten kann, der in die Versuchungen einwilligt und er verbirgt den Menschen, daß er, als Teufel, das allerunseligste und unglücklichste Wesen ist, weil er endgültig auf ewig verworfen ist von Gott. Viertens: Die Versuchung kommt von Teufel; denn hier wird der Teufel zum Verkläger des Menschen. Es ist ein zweifacher Teil in jeder Versuchung: der Mensch soll abwendig gemacht werden vom Wort Gottes und Gott soll den Menschen verwerfen müssen: Weil der Verkläger seine Sünde aufgedeckt hat. Um dieses Zweite geht es hier: Die Versuchung Hiobs ist hier das Urbild aller Versuchungen. Die Frage des Satans heißt: „Meinst du, daß Hiob umsonst Gott fürchtet? Hast du doch ihn, sein Haus und alles, wa er hat, ringsumher verwahrt. Du hast das Werk seiner Hände gesegnet, und sein Gut hat sich ausgebreitet im Lande. Aber recke deine Hand aus und taste an alles, was er hat: was gilt's, er wird dir ins Angesicht absagen?" (Hiob 1:9ff.). Hier wird der Sinn aller Versuchung deutlich. Es wird dem Menschen alles geraubt, was er hat, er wird völlig wehrlos gemacht bis zum Letzten. Armut, Krankheit, Hohn und Verwerfung durch die Frommen lassen tiefste Nacht um ihn warden. Alles, was der Satan als Fürst dieser Welt dem Menschen rauben kann, nimmt er ihm. Er treibt ihn in die Verlassenheit, in der dem Versuchten nichts mehr bleibt als Gott. Und eben hier soll es sich offenbaren, daß der Mensch Gott nicht umsonst fürchtet, daß er nicht Gott um Gottes willen liebt, sondern um des Guten dieser Welt willen. An irgendeiner Stelle will es der Satan offenbar machen, daß Hiob Gott nicht über alle Dinge fürchtet, liebt und ihm vertraut. So wird jede Versuchung zur Offenbarung der Sünde, und der Verkläger steht gerechter da als Gott; denn er hat die Sünde aufgedeckt. Er zwingt Gott zum Gericht.

So erweist sich der Teufel in der Versuchung als Feind Gottes, als Macht, als Lügner und als Verkläger. Für den Menschen in der Versuchung heißt das: Der Feind Gottes muß in der Versuchung erkannt warden; die widergöttliche Macht muß in der Versuchung

überwunden werden; die Lüge muß in der Versuchung entlarvt warden.
(78)

☞ コラム

ボンヘッファー④

　暴君ヒトラーを暗殺する行為に関わろうとすることをボンヘッファーも確かに容易に決断することはできなかった(79)。それでも彼は十分な根拠を得て、政治と宗教は全く切り離されたものであるという伝統的なルター派の立場から離れていった(80)。

　ボンヘッファーは当時、反ユダヤ主義に取り囲まれていた。教会の中心的指導者や神学者たちですらそうであった。そのため彼は『旧約聖書』を十二分に活用することができなかったのである。また彼は「創造」の教義を扱うときに慎重であった（本書では次の第５章で「創世記」を扱う）。と言うのは、ドイツ的キリスト者の神学者たちはこの教義を歪め、人種としてのアーリア人の優位を説いたからである。ボンヘッファーにとって『旧約聖書』はキリストの書であった(81)。彼はヘブライ語聖書のメッセージの正統性を受け入れることを自由に表明することができなかったのである(82)。

☞ コラム

『グーテンベルク聖書』

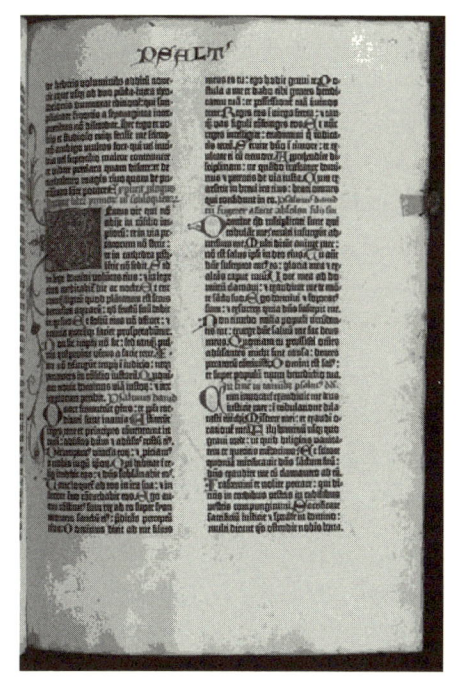

慶應義塾大学所蔵『グーテンベルク聖書』(1455年)の「詩篇」冒頭

　エステラ・ドヒニー旧蔵書で、丸善が 1987 年に落札したものを慶應義塾大学が 1996 年に購入した。上巻のみ現存しているため、『旧約聖書』の冒頭「創世記」から「詩編」までが含まれる。

マインツで印刷・装飾・製本すべてが行われたものは3部現存しているが、「慶應本」はそのうちの1部である。HUMIというプロジェクトで、慶應義塾所蔵本をはじめとしてケンブリッジ大学図書館所蔵本（1998年）・マインツのグーテンベルク博物館所蔵本（1999年）・大英図書館所蔵本（2000年）をデジタル化している（デジタル画像はそれぞれの機関のウェブサイトもしくは館内での閲覧が可能である）。

　グーテンベルクはヨーロッパに印刷技術がもたらされた時、最初の印刷物として『聖書』を選んだ。上記の『グーテンベルク聖書』は、400年頃、ヒエロニムスがヘブライ語で書かれた『旧約聖書』から直接ラテン語に訳したものである。

第５章

創世記
(Die Genesis)

「創世記」について、多くの日本人は、読んだことはないが、いくつかのエピソードを仄聞したことがあるという印象をお持ちかもしれない。『旧約聖書』の冒頭に置かれており、50章から成るものである。天地創造・エデンの園、蛇の誘惑を経ての楽園追放、あるいはノアの方舟・契約の虹・バベルの塔・ソドム・カインとアベル等、芸術・小説・演劇・映画など多種多様な分野にはかりしれない影響を及ぼした重要なエピソードが記されている。本書ではドイツ語で「創世記」についてアプローチすることをテーマとするが、その前に、現代と「創世記」に関して触れてみたい。「創世記」は大昔の信仰について書かれたもの、というだけではなく、今日もさまざまな問いかけを続けている、生きた書物・きわめて今日的テキストであるということも理解していただきたいからである。

　今日、すでにダーウィン（Charles Darwin）生誕（1809年）から200年、『種の起源』発行（1859年刊）以来150年を経ている。地球上には数千万とも言われる種の生物がいて、それらの種はそれぞれ個性があり、さまざまな形質（形・色・大きさなど）で区別することができる。どうしてこんなに多くの種がこの世に存在するのかというのは昔から生物学者が頭を悩ましてきた大きな課題である（ダーウィン『種の起源』（1859年）：「互いにこれほどまでに異なり、互いに複雑なかたちで依存し合っている精妙な生きものたちのすべては、われわれの周囲で作用している法則によって造られたものであることを考えると、不思議な感慨を覚える。かくのごとき生命観には荘厳さがある」）。確かに、ダーウィンが提唱した自然選択による進化論は生命の多様性を解き明かす科学的説明としてやはり今日なお有力な説であり続けている（No one could be a good observer unless he was an active theorizer.「積

極的に理論をうちたてることができる人でなければ優れた観察はできない」)。進化論は、生物の多様性（すべての生物の間の変異性）という自然のあり方を理解するための枠組みを提供してくれているのは事実である。

キリスト教の今日的課題として、進化論と創造説の対立がある。「科学は宗教的信仰を支持することも拒絶することもできない。逆に私たちは、天文学・地質学あるいは生物学の権威ある教科書として聖書を解釈すべきではない」という中立的な見解もあり得ようが（アヤラ 2008:3-4）、『聖書』のメッセージを真剣に受け止めようとするなら、進化論と創造論の問題は避けて通れないものである。また問題となるのは、どうも日本では「進化論は科学で、創造論は宗教である」と捉える風潮があることである。ダーウィンにあっても、なにも進化論をうちたてることによって、無神論者になったわけではない。決して、神が否定され、神が消滅してしまったということではない。[83]本書の各章末で扱っているボンヘッファーの叙述にも、時にダーウィンが言及される。

　ボンヘッファー：「創造と堕罪」（地上における神のかたち：1:26-27）
　「人間は、最後のものとして、新しいものとして、働かれる神の形として、神から出なければならない。ここにあるものは、ある場所からの移行ではなくて、[84]新しい創造である。それは、ダーウィンとは何ら関係がない」
（Der Mensch soll aus Gott hervorgehen, als das Letzte, als das Neue, als das Bild Gottes in seinem Werk. Hier ist kein Übergang von iegendwoher, hier ist Neuschöpfung. Das hat

第5章　創世記　183

mit Darwin gar nichts zu tun.)

　ここの最終行のダーウィンとは、次の2テキストのことを指している。
(85)

「それとは無関係に、人間は、新しい自由な無制約の神の業にとどまる。特に人間と動物の世界との関係を否定するつもりはない。むしろ逆であろう。しかしそのために、人間と神との独自の関係を喪失してはならない。このことは、私たちにとって重要である」

(Der Mensch bleibt, – unabhängig hiervon – das neue, freie, unbedingte Werk Gottes. Es liegt uns gar nichts daran, den Zusammenhang des Menschen mit der tierischen Welt zu verleugnen, im Gegenteil; aber es liegt uns alles daran, das eigentümliche Verhältnis von Mensch und Gott darüber nicht zu verlieren.)

「人間の起源と本質とが問題とされるこのところで、私たちは巨人のような跳躍をして、失われた初めの世界に再び戻ろうと空しく試み、このところで初めの人間がどうであったかをみずから知ろうとし、このところで人間の自分の側の理想を神の創造の事実と一つにしようとし、このところで私たちはただキリストからのみ初めの人間について知りうることを拒絶しようとする。この明らかに空しい試みが、この危険な地点で教会をたえず自由な思索へと引き渡した」

(Der hoffnungslose Versuch, hier wo es um Ursprung in die Welt des verlorenen Anfangs zurückzugelangen, hier selbst wissen zu wollen, was der urständliche Mensch gewesen sei, hier das eigene Ideal des Menschen mit der Schöpfungswirklichkeit Gottes in eins zu setzen, hier zu verkennen, daß wir allein von Christus her um den anfänglichen Menschen wissen können, dieser ebenso hoffnungslose wie begreifliche Versuch, hat die Kirche immer wieder an dieser gefährlichen Stelle der freien Spekulation ausgeliefert.)

 もっとも、ダーウィンが進化論を発表した当時の社会では、キリスト教の創造論が絶対的であり、進化の概念すら受け入れられない状況であった。まして、神が造り給うた人間がサルのような生物から進化したと公表しようものなら、どんな騒動になるか、すでにダーウィンは予見していた。一方、進化論と対立する考え方として、特に近年アメリカで多く見られる創造説の考え方がある。この世のすべては神の創造によると信奉する人びとにとって、ヒトの複雑さ（例えば、よく引き合いに出される、眼という器官の機能）などを説明する説を支持するにはダーウィンの進化論は不十分に映る。すわなち神という創造主を「知的なデザイナー」とする主張（インテリジェント・デザイン）であるが、これも言ってみれば創造説の1種なのである。とりわけアメリカ（1980年代〜現代）では、生物がインテリジェント・デザイナーによって創造されたことは生物の複雑さを見れば明らかであるとする動きが起こっている。ただし、「インテリジェント・デザイン」を含めた創造説は今のところ、進化論

に対する科学的な代案を提示し得ていない現状ではある。もっとも、進化というプロセスそのものを神が創造した宇宙の特性とみなす考え方もあり得る。

　さて、本章が対象とする『旧約聖書』の「創世記」とは、モーセが彼の時代に存在した古代の諸記録を編集したものである[86]。「創造の賛歌」に始まり次に10の「各世代の書」が置かれている。これが「創世記」の骨格で、人類の誕生から選民がエジプトに落ち着くまでの人類最初の2000年間の歴史を記している。なお、「創世記」のことを英語では Genesis という。これは『七十人訳聖書』Septuaginta（「序」参照）が採用した Geneseos「経緯」から出たもので、日本語名「創世記」もこの Geneseos「経緯」に由来する。この名前は古代にユダヤ人が使っていた「世界の創造の書」に近いものとなっている。内容は、①宇宙の始まり・②地球の始まり・③命の始まり・④人類の始まり・⑤結婚の始まり・⑥人類史上における罪の始まり・⑦各種言語の始まり・⑧諸国民の始まり・⑨イスラエルの民の始まり・⑩神と人類の契約の始まり（8つの契約のうち4つまでが「創世記」に出てくる）・⑪人類の救いの始まり、となっている。このような構成で「創世記」は、神がどのような方なのかを示し、イスラエルの民の選びに関する神学的理由を明示している。

　ここ本書第5章で扱うテキストは、「創世記」第1章全体（第1節から第31節）で、神が創造した宇宙の第1日目から第6日目までの記述である。すなわち、初めに神が天地を創造され、続く日々で種々の方法が用いられ、すでに創造されていた物質が形作られ、人間の創造と居住のために大地の表面が整えられていくありさまが記されている[87]。

＜第1日＞（「創世記」第1章・第2節〜第5節）

　光は「初めに」創造された天と地の中に含まれていた。しかし、地表は暗黒の中にあった。なぜなら、冷却していく地殻・沸きたぎる水に覆われて霧は厚い層となって立ち込め、外界からの光を完全に遮っていたからである。光および昼と夜とは、冷却過程が進み、光が通過できるまでに霧の密度が減って、はじめて地表に存在するに至った（ただし、太陽は第4日まで見ることができなかった）。

＜第2日＞（「創世記」第1章・第6節〜第8節）

　大空は天と呼ばれたが、ここでは、水に覆われた地球と上の雲との間にある大気つまり空気層のことを意味し、地表の冷却が一層、進んだ時にできあがった。だが、地表は暖かく、雲は太陽を隠していた。

＜第3日＞（「創世記」第1章・第9節〜第13節）

　大地と草類。地表はこの日まで全面的に水に覆われていたようである。すなわち、新しく形成された薄い地殻の破壊活動は流動状態の球体としての地球の表面を滑らかにした。しかし、地殻が冷たくなり、厚さを増すにつれて幾分、動かなくなると、地表に皺ができ始め、ついには大陸や島が現われるようになった。雨はまだ降らなかったが、濃霧は新しく形成された大地を潤した。大地はそれ自身の熱によって高温であった。熱帯的気候が全体を覆い、植物の生長は急速で巨大であった。それらは水中に沈んだり隆起したりして今の石灰層となった。

<第4日>(「創世記」第1章・第14節〜第19節)

　太陽・月・星などは「初め」に創造されていたに違いない。「第1日」にも、その光は地球を覆っていた霧に差し込んでいただろう(「創世記」第1章第3節)。けれども、それらの形は見えなかった。しかしながら、地球の冷却が進んだ結果、雲の密度が減ってそれらを地上で見ることができるようになった。地表では内部からの熱を受けられなくなり、太陽を唯一の熱源とするようになって四季の区別が生じた。

<第5日>(「創世記」第1章・第20節〜第23節)

　海の動物と鳥類。「第1日」・「第2日」には無生物、「第3日」には植物、「第5日」には動物の誕生。

<第6日>(「創世記」第1章・第24節〜第31節)

　陸の動物と人間。地球はついに人の住家としての準備が完了した。神は自身の形になぞらえて人を創造し、地と地のすべての被造物を治めさせた[88]。神はその御業に非常に満足していた(神は自身が造られたすべてのものを見て「非常によかった」と述べている)。

1．「初めに、神は天地を創造された[89]」
　AM anfang schuff Gott Himel vnd Erden.[90]

　　[注釈] AM：Am のところであるが、文頭でしばしば語全

体が大書される。vnd：現代語の und は通常このように表記される。

ル：Am Anfang schuf Gott Himmel und Erde.
共：Im Anfang schuf Gott Himmel und Erde;
グ：Am Anfang schuf Gott Himmel und Erde.
エ：Im Anfang schuf Gott die Himmel und die Erde.

［注釈］die：エ訳だけ Himmel「天」・Erde「地」に定冠詞を添えている。尚、ここで用いている略語は「ル」が『ルター聖書』、「共」が『共同訳聖書』、「グ」が『Gute Nachrich 聖書』、「エ」が改訂『エルバーフェルダー訳聖書』である。注 90 も参照されたい。

2．「地は混沌であって、闇が深淵の面にあり、神の霊が水の面を動いていた」
Vnd die Erde war wüst vnd leer / vnd es war finster auff der Tieffe / Vnd der Geist Gottes schwebet auff dem Wasser.

ル：Und die Erde war wüst und leer, und es war finster auf der Tiefe; und der Geist Gottes schwebte auf dem Wasser.
共：die Erde aber war wüst und wirr, Finsternis lag über der Urflut und Gottes Geist schwebte über dem Wasser.
グ：Die Erde war noch leer und öde, Dunkel bedeckte sie und wogendes Wasser, und über den Fluten schwebte Gottes Geist.
エ：Und die Erde war wüst und leer, und Finsternis war über der Tiefe; und der Geist Gottes schwebte über den Wassern.

［注釈］auf：他の訳では über が使われている場面でもル訳（1545 年版・1984 年版共に）は一貫して auf が用いられている。die：共（訳）は先行する 1 節がセミコロン (;) で終わっている関係でこの 2 節の文頭が小文字で始まっている。Dunkel bedeckte sie：グ（訳）では「暗闇がそれ（地）を覆っていた」となっている。

3．「神は言われた『光あれ』。こうして、光があった[91]」
 VND Gott sprach / Es werde Liecht / Vnd es ward Liecht.

［注釈］werde：接続法Ⅰ式（要求話法）。ward：ル訳は当時の訳も現代語訳もこの語形（wurde でなく）が用いられている。

ル：Und Gott sprach: Es werde Licht! Und es ward Licht.
共：Gott sprach: Es werde Licht. Und es wurde Licht.
グ：Da sprach Gott: "Licht entstehe!", und das Licht strahlte auf.
エ：Und Gott sprach: Es werde Licht! Und es wurde Licht.

［注釈］Und, da：前節（2 節）はいずれもピリオド (.) で終わっているが、この 3 節の始まり方は種々である。entstehe, strahlte auf：「グ」訳では他の諸訳とは異なった語彙が用いられている。

4．「神は光を見て、良しとされた。神は光と闇を分け、」
 Vnd Gott sahe / das das Liecht gut war / Da scheidet Gott das Liecht vom Finsternis /

［注釈］sah-e：ルターのドイツ語の強変化動詞過去形（1・3人称単数）に見られる語尾 -e.

ル：Und Gott sah, daß das Licht gut war. Da schied Gott das Licht von der Finsternis
共：Gott sah, dass das Licht gut war. Gott schied das Licht von der Finsternis
グ：Und Gott sah das Licht an: Es war gut. Dann trennte Gott das Licht von der Dunkelheit
エ：Und Gott sah das Licht, daß es gut war; und Gott schied das Licht von der Finsternis.

5．「光を昼と呼び、闇を夜と呼ばれた。夕べがあり、朝があった。第一の日である」
vnd nennet das liecht / Tag / vnd die finsternis / Nacht. Da ward aus abend vnd morgen der erste Tag.

［注釈］ward：「～が生じた」、werden の過去形（3人称単数）。同じ語形がル訳（現代語）でも用いられている。

ル：und nannte das Licht Tag und die Finsternis Nacht. Da ward aus Abend und Morgen der erste Tag.
共：und Gott nannte das Licht Tag und die Finsternis nannte er Nacht. Es wurde Abend und es wurde Morgen: erster Tag.
グ：und nannte das Licht Tag, die Dunkelheit Nacht. Es wurde Abend und wieder Morgen: der erste Tag.
エ：Und Gott nannte das Licht Tag, und die Finsternis nannte er

Nacht. Und es wurde Abend, und es wurde Morgen: ein Tag.

［注釈］コロン (:)：ル訳以外は節の最後にコロンを打ち「第一日」を強調している。

6．「神は言われた。『水の中に大空あれ。水と水を分けよ』」
VND Gott sprach / Es werde eine Feste zwischen den Wassern / vnd die sey ein Vnterscheid zwischen den Wassern.

［注釈］werde, sey：接続法Ⅰ式。Feste：「大空」（=Himmelsfeste, 雅語）

ル：Und Gott sprach: Es werde eine Feste zwischen den Wassern, die da scheide zwischen den Wassern.
共：Dann sprach Gott: Ein Gewölbe entstehe mitten im Wasser und scheide Wasser von Wasser.
グ：Dann sprach Gott: "Im Wasser soll ein Gewölbe entstehen, eine Scheidewand zwischen den Wassermassen!"
エ：Und Gott sprach: Es werde eine Wölbung mitten in den Wassern, und es sei eine Scheidung zwischen den Wassern und den Wassern!

［注釈］werde, scheide, entstehe, sei：接続法Ⅰ式。da（ル訳）：Feste「大空」を先行詞とする関係代名詞。Gewölbe（共・グ）・Wölbung（エ）：「丸天井」（大空のこと）。

7．「神は大空を造り、大空の下と大空の上に水を分けさせら

れた。そのようになった」

Da machet Gott die Feste / vnd scheidet das wasser vnter der Festen / von dem wasser vber der Festen / Vnd es geschach also.

［注釈］geschach：= geschah「なされた・行われた」。also：= so「そのように」。

ル：Da machte Gott die Feste und schied das Wasser unter der Feste von dem Wasser über der Feste. Und es geschah so.
共：Gott machte also das Gewölbe und schied das Wasser unterhalb des Gewölbes vom Wasser oberhalb des Gewölbes. So geschah es
グ：So geschah es: Gott machte ein Gewölbe und trennte so das Wasser unter dem Gewölbe von dem Wasser, das darüber war.
エ：Und Gott machte die Wölbung und schied die Wasser, die unterhalb der Wölbung von den Wassern, die oberhalb der Wölbung waren. Und es geschah so.

［注釈］das（グ）・die（エ）：Wasser を先行詞とする関係代名詞。

8．「神は大空を天と呼ばれた。夕べがあり、朝があった。第二の日である」

Vnd Gott nennet die Festen / Himel. Da ward aus abend vnd morgen der ander Tag.

［注釈］der ander Tag：「第二日」。ward：「〜が生じた」（werden

の過去形3人称単数)、ル訳(現代語)でも同じ語形。

ル：Und Gott nannte die Feste Himmel. Da ward aus Abend und Morgen der zweite Tag.

共：und Gott nannte das Gewölbe Himmel. Es wurde Abend und es wurde Morgen: zweiter Tag.

グ：Und Gott nannte das Gewölbe Himmel. Es wurde Abend und wieder Morgen: der zweite Tag.

エ：Und Gott nannte die Wölbung Himmel. Und es wurde Abend, und es wurde Morgen: ein zweiter Tag.

［注釈］Gewölbe（共・グ）・Wölbung（エ）：「丸天井」（どちらも、現代ドイツ語では通常「丸天井・アーチ」のことを意味するが、ここでは「空」の意味である）。コロン (:)：ル訳以外は節の最後にコロンが打たれ「第二日」が強調されている。

9．「神は言われた『天の下の水は一つ所に集まれ。乾いた所が現れよ』。そのようになった」
VND Gott sprach / Es samle sich das Wasser vnter dem Himel / an sondere Orter / das man das Trocken sehe / Vnd es geschach also.

［注釈］Es：仮主語（内容上の主語は das Wasser）。sonder：= besonder「特定の」。

ル：Und Gott sprach: Es sammle sich das Wasser unter dem Himmel an besondere Orte, daß man das Trockene sehe. Und

194

es geschah so.

共：Dann sprach Gott: Das Wasser unterhalb des Himmels sammle sich an einem Ort, damit das Trockene sichtbar werde. So geschah es.

グ：Dann sprach Gott: "Das Wasser unter dem Himmelsgewölbe soll sich alles an einer Stelle sammeln, damit das Land hervortritt." So geschah es.

エ：Und Gott sprach: Es sollen sich die Wasser unterhalb des Himmels an einen Ort sammeln, und es werde das Trockene sichtbar! Und es geschah so.

［注釈］Himmelsgewölbe（グ）：「丸天井に見立てられる天空」（前節の第8節を参照）。einer（グ）・einen（エ）：「一つの」という意味を強調している。daß（ル）：= so dass, damit「～するように」。hervortritt（グ）：「出現する」（< hervor|treten）。

10.「神は乾いた所を地と呼び、水の集まった所を海と呼ばれた。神はこれを見て、良しとされた」
Vnd Gott nennet das trocken / Erde / vnd die samlung der Wasser nennet er / Meer. Vnd Gott sahe das es gut war.

［注釈］sahe：= sah「見た」。das：「～ということ」（= dass）。

ル：Und Gott nannte das Trockene Erde, und die Sammlung der Wasser nannte er Meer. Und Gott sah, daß es gut war.

共：Das Trockene nannte Gott Land und das angesammelte Wasser nannte er Meer. Gott sah, dass es gut war.

グ：Und Gott nannte das Land Erde, die Sammlung des Wassers nannte er Meer. Und Gott sah das alles an: Es war gut.

エ：Und Gott nannte das Trockene Erde, und die Ansammlung der Wasser nannte er Meere. Und Gott sah, daß es gut war.

[注釈] an|sehen（グ）：「（じっとよく）見る」、その結果を、コロンの後のように（Es war gut.）記している。

11.「神は言われた『地は草を芽生えさせよ。種を持つ草と、それぞれの種を持つ実をつける果樹を、地に芽生えさせよ』。そのようになった」

VND Gott sprach / Es lasse die Erde auffgehen Gras vnd Kraut / das sich besame / vnd fruchtbare Bewme / da ein jglicher nach seiner art Frucht trage / vnd habe seinen eigen Samen bey jm selbs / auff Erden / Vnd es geschach also.

[注釈] Es：仮主語（内容上の主語は die Erde）。lasse：接続法Ⅰ式。Gras vnd Kraut：これと並んで fruchtbare Bewme が lassen の目的語。das：Kraut を先行詞とする関係代名詞。besamen：「授精する」。jglicher：= jeglicher「各々の」（雅語）。jm：= ihm（bey jm selbs = bei sich selbst）。

ル：Und Gott sprach: Es lasse die Erde aufgehen Gras und Kraut, das Samen bringe, und fruchtbare Bäume auf Erden, die ein jeder nach seiner Art Früchte tragen, in denen ihr Same ist. Und es geschah so.

共：Dann sprach Gott: Das Land lasse junges Grün wachsen,

alle Arten von Pflanzen, die Samen tragen, und von Bäumen, die auf der Erde Früchte bringen mit ihrem Samen darin. So geschah es.

グ：Dann sprach Gott: "Die Erde lasse frisches Grün aufsprießen, Pflanzen und Bäume von jeder Art, die Samen und samenhaltige Früchte tragen!" So geschah es:

エ：Und Gott sprach: Die Erde lasse Gras hervorsprossen, Kraut, das Samen hervorbringt, Fruchtbäume, die auf der Erde Früchte tragen nach ihrer Art, in denen ihr Same ist! Und es geschah so.

［注釈］Es（ル）：ル訳（1984年）は「ルター聖書（1545年）」と同じく仮主語 es をたてているが実質上の主語は die Erde である。動詞 lasse（接続法Ⅰ式）の主語として機能している。in denen（ル・エ）：Früchte を先行詞とする関係代名詞。alle Arten（共）：von Pflanzen および von Bäumen が修飾する。auf|sprießen（グ）：「芽生える」。hervor|sprossen（エ）：hervor|sprießen「（芽が）生え出る」の過去分詞。

12.「地は草を芽生えさせ、それぞれの種を持つ草と、それぞれの種を持つ実をつける木を芽生えさせた。神はこれを見て、良しとされた(94)」

Vnd die Erde lies auffgehen / Gras vnd Kraut / das sich besamet / ein jglichs nach seiner art / vnd Bewme die da Frucht trugen / vnd jren eigen Samen bey sich selbs hatten / ein jglicher nach seiner art. Vnd Gott sahe das es gut war.

［注釈］jren = ihren「実の」。sahe：= sah「見た」。das：= dass「〜ということ」。

ル：Und die Erde ließ aufgehen Gras und Kraut, das Samen bringt, ein jedes nach seiner Art, und Bäume, die da Früchte tragen, in denen ihr Same ist, ein jeder nach seiner Art. Und Gott sah, daß es gut war.

共：Das Land brachte junges Grün hervor, alle Arten von Pflanzen, die Samen tragen, alle Arten von Bäumen, die Früchte bringen mit ihrem Samen darin. Gott sah, dass es gut war.

グ：Die Erde brachte frisches Grün hervor, Pflanzen jeder Art mit ihren Samen und alle Arten von Bäumen mit samenhaltigen Früchten. Und Gott sah das alles an: Es war gut.

エ：Und die Erde brachte Gras hervor, Kraut, das Samen hervorbringt nach seiner Art, und Bäume, die Früchte tragen, in denen ihr Same ist nach ihrer Art. Und Gott sah, daß es gut war.

［注釈］die（共）：Pflanzen を先行詞とする関係代名詞。das（エ）：Kraut を先行詞とする関係代名詞。

13.「夕べがあり、朝があった。第三の日である」
Da ward aus abend vnd morgen der dritte Tag.

［注釈］ward：「〜が生じた」（werden の過去形3人称単数）、aus「−から」（構成要素を示す）を伴い「−から〜が生じる」の意。

ル：Da ward aus Abend und Morgen der dritte Tag.
共：Es wurde Abend und es wurde Morgen: dritter Tag.
グ：Es wurde Abend und wieder Morgen: der dritte Tag.
エ：Und es wurde Abend, und es wurde Morgen: ein dritter Tag.

[注釈] コロン (:)：他の箇所と同様、ル訳以外は節の最後にコロンが打たれ「第～日」が強調されている。

14.「神は言われた『天の大空に光る物があって、昼と夜を分け、季節のしるし、日や年のしるしとなれ」
VND Gott sprach / Es werden Liechter an der Feste des Himels / vnd scheiden tag vnd nacht / vnd geben / Zeichen / Zeiten / Tage vnd Jare /

ル：Und Gott sprach: Es werden Lichter an der Feste des Himmels, die da scheiden Tag und Nacht und geben Zeichen, Zeiten, Tage und Jahre
共：Dann sprach Gott: Lichter sollen am Himmelsgewölbe sein, um Tag und Nacht zu scheiden. Sie sollen Zeichen sein und zur Bestimmung von Festzeiten, von Tagen und Jahren dienen;
グ：Dann sprach Gott: "Am Himmel sollen Lichter entstehen, die Tag und Nacht voneinander scheiden, leuchtende Zeichen, um die Zeiten zu bestimmen: Tage und Feste und Jahre.
エ：Und Gott sprach: Es sollen Lichter an der Wölbung des Himmels werden, um zu scheiden zwischen Tag und Nacht, und sie sollen dienen als Zeichen und <zur Bestimmung von>

Zeiten und Tagen und Jahren;

［注釈］Zeichen, Zeiten, Tage und Jahre（ル）：1545年のルター訳と同じく、これらの語彙が同格に並べられているが、他訳では、日・年という時間を規定するよう等、これらの関係性が明確になっている。die（グ）：Lichter を先行詞とする関係代名詞。um zu（エ）：「〜するために」。

15.「天の大空に光る物があって、地を照らせ』。そのようになった。」

vnd seien Liechter an der Feste des Himels / das sie scheinen auff Erden / Vnd es geschach also.

［注釈］seien：接続法Ⅰ式。Feste des Himels：「天という大空」（第8節を参照）。geschach：= geschah「なされた・行われた」。also：= so「そのように」。

ル：und seien Lichter an der Feste des Himmels, daß sie scheinen auf die Erde. Und es geschah so.
共：sie sollen Lichter am Himmelsgewölbe sein, die über die Erde hin leuchten. So geschah es.
グ：Sie sollen am Himmelsgewölbe leuchten, damit sie der Erde Licht geben." So geschah es:
エ：und sie sollen als Lichter an der Wölbung des Himmels dienen, um auf die Erde zu leuchten! Und es geschah so.

［注釈］daß（ル）：so dass「〜するように（目的）」の意。um 〜

zu –（エ）：「～するために」。

16. 「神は二つの大きな光る物と星を造り、大きな方に昼を治めさせ、小さな方に夜を治めさせられた」
 Vnd Gott machet zwey grosse Liechter / ein gros Liecht / das den Tag regiere / vnd ein klein Liecht / das die Nacht regiere / dazu auch Sternen.

 ［注釈］machet：machte「作った」(95)。zwey：= zwei「2」。

ル：Und Gott machte zwei große Lichter: ein großes Licht, das den Tag regiere, und ein kleines Licht, das die Nacht regiere, dazu auch die Sterne.
共：Gott machte die beiden großen Lichter, das größere, das über den Tag herrscht, das kleinere, das über die Nacht herrscht, auch die Sterne.
グ：Gott machte zwei große Lichter, ein größeres, das den Tag beherrscht, und ein kleineres für die Nacht, dazu auch das ganze Heer der Sterne.
エ：Und Gott machte die beiden großen Lichter: das größere Licht zur Beherrschung des Tages und das kleinere Licht zur Beherrschung der Nacht und die Sterne.

 ［注釈］größer, kleiner（グ・エ）：比較級、「（相対的に）大きい・小さい」。Heer（グ）：「多数・大群」。

17. 「神はそれらを天の大空に置いて、地を照らさせ、」

Vnd Gott setzt sie an die Feste des Himels / das sie schienen auff die Erde

［注釈］setzt：= setzte「置いた(96)」。das：so dass「〜するように（目的）」の意。

ル：Und Gott setzte sie an die Feste des Himmels, daß sie schienen auf die Erde
共：Gott setzte die Lichter an das Himmelsgewölbe, damit sie über die Erde hin leuchten,
グ：Gott setzte sie an das Himmelsgewölbe, damit sie der Erde Licht geben,
エ：Und Gott setzte sie an die Wölbung des Himmels, über die Erde zu leuchten

［注釈］daß（ル）：so dass「〜するように（目的）」。zu 〜（エ）：= um 〜 zu –「〜するために」。

18.「昼と夜を治めさせ、光と闇を分けさせられた。神はこれを見て、良しとされた」

vnd den Tag vnd die Nacht regierten / vnd scheideten Liecht vnd Finsternis. Vnd Gott sahe das es gut war.

［注釈］regierten, scheideten：接続法Ⅱ式（目的を示す副文において）。sahe：= sah「見た(97)」。das：「〜ということ」（= dass）。

ル：und den Tag und die Nacht regierten und schieden Licht und

Finsternis. Und Gott sah, daß es gut war.
共：über Tag und Nacht herrschen und das Licht von der Finsternis scheiden. Gott sah, dass es gut war.
グ：den Tag und die Nacht regieren und Licht und Dunkelheit voneinander scheiden. Und Gott sah das alles an: Es war gut.
エ：und zu herrschen über den Tag und über die Nacht und zwischen dem Licht und der Finsternis zu scheiden. Und Gott sah, daß es gut war.

［注釈］an|sehen（グ）:「(じっとよく) 見る」。zu ~（エ）: = um ~ zu –「～するために」(前節の第 17 節から続いて)。

19.「夕べがあり、朝があった。第四の日である」
Da ward aus abend vnd morgen der vierde Tag.

［注釈］ward:「～が生じた」(werden の過去形 3 人称単数)。

ル：Da ward aus Abend und Morgen der vierte Tag.
共：Es wurde Abend und es wurde Morgen: vierter Tag.
グ：Es wurde Abend und wieder Morgen: der vierte Tag.
エ：Und es wurde Abend, und es wurde Morgen: ein vierter Tag.

［注釈］コロン (:)：他の節と同様、ル訳以外は節の最後にコロンが打たれ「第～日」が強調されている。

20.「神は言われた『生き物が水の中に群がれ。鳥は地の上、天の大空の面を飛べ』」

VND Gott sprach / Es errege sich das Wasser mit webenden vnd lebendigen Thieren / vnd mit Geuogel / das auff Erden vnter der Feste des Himels fleuget.

[注釈] erregen：再帰用法で「起こる・興奮する」（接続法Ⅰ式）。weben：「活動する」（雅語）。Thier：= Tier（動物）。Geuogel：= Gevögel「（集合的に）鳥たち」、das 以下の関係文の先行詞。

ル：：Und Gott sprach: Es wimmle das Wasser von lebendigem Getier, und Vögel sollen fliegen auf Erden unter der Feste des Himmels.

共：Dann sprach Gott: Das Wasser wimmle von lebendigen Wesen und Vögel sollen über dem Land am Himmelsgewölbe dahinfliegen.

グ：Dann sprach Gott: "Das Wasser soll von Leben wimmeln, und in der Luft sollen Vögel fliegen!"

エ：Und Gott sprach: Es sollen die Wasser vom Gewimmel lebender Wesen wimmeln, und Vögel sollen über der Erde fliegen unter der Wölbung des Himmels!

[注釈] wimmle（ル・共）：< wimmeln「群がっている」の接続法Ⅰ式。Getier（ル）：「[集合的に]（小）動物」（ge- は集合全体を表わす）。

21.「神は水に群がるもの、すなわち大きな怪物、うごめく生き物をそれぞれに、また、翼ある鳥をそれぞれに創造された。神はこれを見て、良しとされた」

Vnd Gott schuff grosse Walfische vnd allerley Thier / das da lebt vnd webt / vnd vom Wasser erreget ward / ein jglichs nach seiner art / vnd allerley gefidderts Geuogel / ein jglichs nach seiner art / Vnd Gott sahe das es gut war.

［注釈］schuff：= schuf（創造した）。Walfisch：= Wal「鯨」。Thier：= Tier（動物）。weben：「活動する」（雅語）。erregen：「刺激する・興奮させる」。ward：werden（受動の助動詞）の過去3人称単数。jglicher：= jeglicher「各々の」（雅語）。gefiddert：fiedern「羽を付ける」の過去分詞。sahe：ルターの時代の過去形（3人称単数）。das：「～ということ」（= dass）。

ル：Und Gott schuf große Walfische und alles Getier, das da lebt und webt, davon das Wasser wimmelt, ein jedes nach seiner Art, und alle gefiederten Vögel, einen jeden nach seiner Art. Und Gott sah, daß es gut war.

共：Gott schuf alle Arten von großen Seetieren und anderen Lebewesen, von denen das Wasser wimmelt, und alle Arten von gefiederten Vögeln. Gott sah, dass es gut war.

グ：So schuf Gott die Seeungeheuer und alle Arten von Wassertieren, ebenso jede Art von Vögeln und geflügelten Tieren. Und Gott sah das alles an: Es war gut.

エ：Und Gott schuf die großen Seeungeheuer und alle sich regenden lebenden Wesen, von denen die Wasser wimmeln, nach ihrer Art, und alle geflügelten Vögel nach ihrer Art. Und Gott sah, daß es gut war.

［注釈］Seetier（共）：「海生動物」。Ungeheuer（グ）：「怪物」。Wassertier（グ）：「水生動物」。regen：再帰用法で「動く・活動する」。

22.「神はそれらのものを祝福して言われた『産めよ、増えよ、海の水に満ちよ。鳥は地の上に増えよ』」
Vnd Gott segenet sie / vnd sprach / Seid fruchtbar vnd mehret euch vnd erfüllet das Wasser im Meer / Vnd das Geuogel mehre sich auff Erden.

［注釈］segenet：= segnete「祝福した」。Seid, mehret, erfüllet：命令形「〜せよ」。mehre：接続法Ⅰ式。

ル：Und Gott segnete sie und sprach: Seid fruchtbar und mehret euch und erfüllet das Wasser im Meer, und die Vögel sollen sich mehren auf Erden.
共：Gott segnete sie und sprach: Seid fruchtbar und vermehrt euch und bevölkert das Wasser im Meer und die Vögel sollen sich auf dem Land vermehren.
グ：Und Gott segnete seine Geschöpfe und sagte: Seid fruchtbar, vermehrt euch und füllt die Meere, und ihr Vögel, vermehrt euch auf der Erde!"
エ：Und Gott segnete sie und sprach: Seid fruchtbar und vermehrt euch, und füllt das Wasser in den Meeren, und die Vögel sollen sich vermehren auf der Erde!

［注釈］bevölkern（共）：「群がる」（ここでは命令形）。Geschöpf

（グ）：「被造物（＝神の創造物）」, < schöpfen「創造する」。

23.「夕べがあり、朝があった。第五の日である」
Da ward aus abend vnd morgen der fünffte Tag.

［注釈］ward：「〜が生じた」(werden の過去形 3 人称単数)。

ル：Da ward aus Abend und Morgen der fünfte Tag.
共：Es wurde Abend und es wurde Morgen: fünfter Tag.
グ：Es wurde Abend und wieder Morgen: der fünfte Tag.
エ：Und es wurde Abend, und es wurde Morgen: ein fünfter Tag.

［注釈］コロン (:)：他の箇所と同様、ル訳以外は節の最後にコロンが打たれ「第〜日」が強調されている。

24.「神は言われた『地は、それぞれの生き物を産み出せ。家畜、這うもの、地の獣をそれぞれに産み出せ』。そのようになった」
VND Gott sprach / Die Erde bringe erfür lebendige Thier / ein jglichs nach seiner art / Vieh / Gewürm vnd Thier auff Erden / ein jglichs nach seiner art / Vnd es geschach also.

［注釈］bringe：接続法Ⅰ式（要求話法）。erfür：= hervor, よって hervor|bringen で「生み出す」の意。jglicher：= jeglicher「各々の」（雅語）。Gewürm：「虫（けら）」。Thier：= Tier（動物）。geschach：= geschah「なされた・行われた」。

第 5 章　創世記　207

ル：Und Gott sprach: Die Erde bringe hervor lebendiges Getier, ein jedes nach seiner Art: Vieh, Gewürm und Tiere des Feldes, ein jedes nach seiner Art. Und es geschah so.

共：Dann sprach Gott: Das Land bringe alle Arten von lebendigen Wesen hervor, von Vieh, von Kriechtieren und von Tieren des Feldes. So geschah es.

グ：Dann sprach Gott: „Die Erde soll Leben hervorbringen: alle Arten von Vieh und wilden Tieren und alles, was auf der Erde kriecht." So geschah es.

エ：Und Gott sprach: Die Erde bringe lebende Wesen hervor nach ihrer Art: Vieh und kriechende Tiere und <wilde> Tiere der Erde nach ihrer Art! Und es geschah so.

［注釈］hervor|bringen：「生み出す・算出する」（ここでは接続法Ⅰ式の要求話法）。Wesen（共）：「生き物」。Kriechtier（共）：「爬虫類（< kriechen「這う」）」。

25. 「神はそれぞれの地の獣、それぞれの家畜、それぞれの土を這うものを造られた。神はこれを見て、良しとされた」
Vnd Gott machet die Thier auff Erden / ein jglichs nach seiner art / vnd das Vieh nach seiner art / vnd allerley Gewürm auff Erden / nach seiner art. Vnd Gott sahe das es gut war.

［注釈］machet：= machte「作った」。allerley：= allerlei「多種多様な」。sahe：= sah「見た」。das：= dass「～ということ」。

ル：Und Gott machte die Tiere des Feldes, ein jedes nach seiner

Art, und das Vieh nach seiner Art und alles Gewürm des Erdbodens nach seiner Art. Und Gott sah, daß es gut war.

共：Gott machte alle Arten von Tieren des Feldes, alle Arten von Vieh und alle Arten von Kriechtieren auf dem Erdboden. Gott sah, dass es gut war.

グ：Gott machte die wilden Tiere und das Vieh und alles, was auf dem Boden kriecht, alle die verschiedenen Arten. Und Gott sah das alles an: Es war gut.

エ：Und Gott machte die <wilden> Tiere der Erde nach ihrer Art und das Vieh nach seiner Art und alle kriechenden Tiere auf dem Erdboden nach ihrer Art. Und Gott sah, daß es gut war.

［注釈］Erdboden：「地面」。was：alles を先行詞とする関係代名詞。

26.「神は言われた『我々にかたどり、我々に似せて、人を造ろう。そして海の魚、空の鳥、家畜、地の獣、地を這うもののすべてを支配させよう』」[99]

VND Gott sprach / Lasst vns Menschen machen / ein Bild / das vns gleich sey / Die da herrschen vber die Fisch im Meer / vnd vber die Vogel vnter dem Himel / vnd vber das Vieh / vnd vber die gantzen Erde / vnd vber alles Gewürm das auff Erden kreucht.

［注釈］vns：= uns（3格・4格）。sey：= sei（接続法Ⅰ式）。Die：Menschen を先行詞とする関係代名詞。vber：= über, kreucht：kriechen「這う」の現在3人称単数の古形。

第5章 創世記 209

ル：Und Gott sprach: Lasset uns Menschen machen, ein Bild, das uns gleich sei, die da herrschen über die Fische im Meer und über die Vögel unter dem Himmel und über das Vieh und über alle Tiere des Feldes und über alles Gewürm, das auf Erden kriecht.

共：Dann sprach Gott: Lasst uns Menschen machen als unser Abbild, uns ähnlich. Sie sollen herrschen über die Fische des Meeres, über die Vögel des Himmels, über das Vieh, über die ganze Erde und über alle Kriechtiere auf dem Land.

グ：Dann sprach Gott: „Nun wollen wir Menschen machen, ein Abbild von uns, das uns ähnlich ist! Sie sollen Macht haben über die Fische im Meer, über die Vögel in der Luft, über das Vieh und alle Tiere auf der Erde und über alles, was auf dem Boden kriecht."

エ：Und Gott sprach: Laßt uns Menschen machen in unserm Bild, uns ähnlich! Sie sollen herrschen über die Fische des Meeres und über die Vögel des Himmels und über das Vieh und über die ganze Erde und über alle kriechenden Tiere, die auf der Erde kriechen!

［注釈］Abbild（共・グ）：「似姿・模写」。

27.「神は御自分にかたどって人を創造された。神にかたどって創造された。男と女に創造された」[(100)]

VND Gott schuff den Menschen jm zum Bilde / zum Bilde Gottes schuff er jn / Vnd schuff sie ein Menlin vnd Frewlin.

［注釈］schuff：= schuf「創造した」。jm, jn：= ihm, ihn. -lin：指小辞（現代ドイツ語の -lein）。

ル：Und Gott schuf den Menschen zu seinem Bilde, zum Bilde Gottes schuf er ihn; und schuf sie als Mann und Frau.
共：Gott schuf also den Menschen als sein Abbild; als Abbild Gottes schuf er ihn. Als Mann und Frau schuf er sie.
グ：So schuf Gott die Menschen nach seinem Bild, als Gottes Ebenbild schuf er sie und schuf sie als Mann und als Frau.
エ：Und Gott schuf den Menschen nach seinem Bild, nach dem Bild Gottes schuf er ihn; als Mann und Frau schuf er sie.

［注釈］Ebenbild：「似姿」。

28.「神は彼らを祝福して言われた『産めよ、増えよ、地に満ちて地を従わせよ。海の魚、空の鳥、地の上を這う生き物をすべて支配せよ』」

Vnd Gott segenet sie / vnd sprach zu jnen / Seid fruchtbar vnd mehret euch vnd füllet die Erden / vnd macht sie euch vnterthan. Vnd herrschet vber Fisch im Meer / vnd vber Vogel vnter dem Himel / vnd vber alles Thier das auff Erden kreucht.

［注釈］segenet：= segnete「祝福した」。jnen：= ihnen, vnterthan：= untertan「隷属した・支配されている」（形容詞）。das：Thier（動物）を先行詞とする関係代名詞。

ル：Und Gott segnete sie und sprach zu ihnen: Seid fruchtbar und mehret euch und füllet die Erde und machet sie euch untertan und herrschet über die Fische im Meer und über die Vögel unter dem Himmel und über das Vieh und über alles Getier, das auf Erden kriecht.

共：Gott segnete sie und Gott sprach zu ihnen: Seid fruchtbar und vermehrt euch, bevölkert die Erde, unterwerft sie euch und herrscht über die Fische des Meeres, über die Vögel des Himmels und über alle Tiere, die sich auf dem Land regen.

グ：Und Gott segnete die Menschen und sagte zu ihnen: "Seid fruchtbar und vermehrt euch! Füllt die ganze Erde und nehmt sie in Besitz! Ich setze euch über die Fische im Meer, die Vögel in der Luft und alle Tiere, die auf der Erde leben, und vertraue sie eurer Fürsorge an."

エ：Und Gott segnete sie, und Gott sprach zu ihnen: Seid fruchtbar und vermehrt euch, und füllt die Erde, und macht sie <euch> untertan; und herrscht über die Fische des Meeres und über die Vögel des Himmels und über alle Tiere, die sich auf der Erde regen!

［注釈］unterwerfen（共）：「服従させる」。~ in Besitz nehmen（グ）：「~を手に入れる」。an|vertrauen（グ）：「委ねる」。Fürsorge（グ）：「世話・管理」。

29.「神は言われた『見よ、全地に生える、種を持つ草と種を持つ実をつける木を、すべてあなたたちに与えよう。それがあなたたちの食べ物となる』

VND Gott sprach / Sehet da / Jch hab euch gegeben allerley Kraut / das sich besamet auff der gantzen Erden / vnd allerley fruchtbare Bewme / vnd Bewme die sich besamen / zu ewr Speise /

［注釈］Jch hab：= ich habe, besamen：「授精する」。ewr：= eurer.

ル：Und Gott sprach: Sehet da, ich habe euch gegeben alle Pflanzen, die Samen bringen, auf der ganzen Erde, und alle Bäume mit Frühten, die Samen bringen, zu eurer Speise.

共：Dann sprach Gott: Hiermit übergebe ich euch alle Pflanzen auf der ganzen Erde, die Samen tragen, und alle Bäume mit samenhaltigen Früchten. Euch sollen sie zur Nahrung dienen.

グ：Weiter sagte Gott zu den Menschen: "Als Nahrung gebe ich euch die Samen der Pflanzen und die Früchte, die an den Bäumen wachsen, überall auf der ganzen Erde.

エ：Und Gott sprach: Siehe, ich habe euch alles samentragende Kraut gegeben, das auf der Fläche der ganzen Erde ist, und jeden Baum, an dem samentragende Baumfrucht ist: es soll euch zur Nahrung dienen;

30. 「地の獣、空の鳥、地を這うものなど、すべて命あるものにはあらゆる青草を食べさせよう』。そのようになった[101]」
vnd aller Thiere auff Erden / vnd allen Vogeln vnter dem Himel / vnd allem Gewürm das das Leben hat auff Erden / das sie allerley grün Kraut essen / Vnd es geschach also.

［注釈］geschach：= geschah「なされた・行われた」。das：= auf dass「〜するために」(目的 = damit)。sie：Thiere「獣」・Vogeln「鳥」・Gewürm「(地を這う) 虫」を指す。

ル：Aber allen Tieren auf Erden und allen Vögeln unter dem Himmel und allem Gewürm, das auf Erden lebt, habe ich alles grüne Kraut zur Nahrung gegeben. Und es geschah so.

共：Allen Tieren des Feldes, allen Vögeln des Himmels und allem, was sich auf der Erde regt, was Lebensatem in sich hat, gebe ich alle grünen Pflanzen zur Nahrung. So geschah es.

グ：Den Landtieren aber und den Vögeln und allem, was auf dem Boden kriecht, allen Geschöpfen, die den Lebenshauch in sich tragen, weise ich Gräser und Blätter zur Nahrung zu." So geschah es.

エ：aber allen Tieren der Erde und allen Vögeln des Himmels und allem, was sich auf der Erde regt, in dem eine lebende Seele ist, <habe ich> alles grüne Kraut zur Speise <gegeben>.

［注釈］Atem（共）・Hauch（グ）：「息」。zu|weisen：「あてがう」。

31.「神はお造りになったすべてのものを御覧になった。見よ、それは極めて良かった。[102] 夕べがあり、朝があった。第六の日である」

Vnd Gott sahe an alles was er gemacht hatte / Vnd sihe da / es war seer gut. Da ward aus abend vnd morgen der sechste Tag.

［注釈］seer：= sehr, ward：「〜が生じた」(werden の過去形3

214

人称単数）。

ル：Und Gott sah an alles, was er gemacht hatte, und siehe, es war sehr gut. Da ward aus Abend und Morgen der sechste Tag.
共：Gott sah alles an, was er gemacht hatte: Es war sehr gut. Es wurde Abend und es wurde Morgen: der sechste Tag.
グ：Und Gott sah alles an, was er geschaffen hatte, und sah: Es war alles sehr gut. Es wurde Abend und wieder Morgen: der sechste Tag.
エ：Und es geschah so. Und Gott sah alles, was er gemacht hatte, und siehe, es war sehr gut. Und es wurde Abend, und es wurde Morgen: der sechste Tag.

[注釈] コロン (:)：他の節と同様、ル訳以外は節の最後にコロンが打たれ「第〜日」が強調されている。

＜ボンヘッファーのテキスト⑤＞

「共に生きる生活」Gemeinsames Leben[103]

　神のみ言葉と教会の声と我々の祈りとは同じものである。したがってここで我々は、共に祈ることについて語らなければならない。「もしあなたがたのうちのふたりが、どんな願い事についても地上で心を合わせるなら、天にいます私の父はそれをかなえて下さるであろう」（マタイ 18:19）。共同の礼拝の中で、共に祈ることほど難しい困難・事態を引き起こすものはない。なぜなら、ここで今や我々自身が語らねばならないからで

ある。神のみ言葉を我々は聞き、そして教会の歌に声を合わせて歌うことを許された。しかし今や我々は交わりとして神に祈らなければならない。そしてこの祈りは、実際に我々の言葉でなければならないし、この一日のための我々の祈り、すなわち、我々の仕事のための、我々の交わりのための、我々を共に悩ましている特別な困難や罪のための、我々に委ねられている人たちのための、我々の祈りでなければならない。それとも、我々は実際、我々のためには何も祈ってはならないのだろうか。自分の口で、自分の言葉で、共同の祈りへの願いをもつことは、禁じられたことであるべきなのだろうか。人がいかなる異議を申し立てるにしても、キリスト者が神のみ言葉の下で共に生きようと願うところでは、彼らは自分自身の言葉で共に神に祈るべきであるし、また共に祈ることを許されている。事柄の本質は、単純にそれ以外のことではありえない。彼らは、共同の願い・共同の感謝・共同のとりなしを、神の前に表わすべきであり、それらのことを喜んで、また確信をもってなすべきである。冷静にまた単純に、兄弟愛に満ちた共同の祈りが、兄弟たちの一人によって神の前に捧げられるところでは、お互いに対する恐れや、他人の前で自分自身の自由な言葉で祈ることの恥ずかしさは、みな背後に退いてしまう。しかし同様に、弱々しい言葉であってもイエス・キリストの名によって祈られる場合には、他人の祈りを観察したり批評したりする言葉は慎むべきである。共に祈るということは、実際、キリスト者の共同生活における最も正常な事柄である。そして祈りを純粋なもの、聖書的なものとしておくために、ここでの我々の自制がどんなによいことであり、役に立つことであるにしても、やむにやまれぬ自由な祈りそのものを窒息させることは許されていない。な

ぜなら、自由な祈りはイエス・キリストの大きな約束を受けているからである。[(104)]

Gottes Wort, die Stimme der Kirche und unser Gebet, gehören zusammen. Vom gemeinsamen Gebet haben wir darum jetzt zu sprechen. „Wo zwei unter euch eins warden, worum es ist, daß sie bitten wollen, das soll ihnen widerfahren von meinem Vater im Himmel" (Matth. 18,19). Es gibt kein Stück der gemeinsamen Andacht, das uns so ernste Schwierigkeiten und Nöte bereitet wie das gemeinsame Gebet; denn hier sollen ja nun wir selbst sprechen. Gottes Wort haben wir gehört, und in das Lied der Kirche durften wir einstimmen, jetzt aber sollen wir als Gemeinschaft zu Gott beten, und dieses Gebet muß wirklich unser Wort sein, unser Gebet für diesen Tag, für unsere Arbeit, für unsere Gemeinschaft, für die besonderen Nöte und Sünden, die uns gemeinsam bedrücken, für die Menschen, die uns befohlen sind. Oder sollten wir wirklich nichts für uns zu beten haben, sollte das Verlangen nach gemeinsamen Gebet aus eigenem Mund und mit eigenen Worten ein unerlaubtes Ding sein? Was man auch alles einwenden mag, es kann doch einfach nicht anders sein als daß dort, wo Christen gemeinsam unter dem Wort Gottes leben wollen, sie auch gemeinsam mit eigenen Worten zu Gott beten sollen und dürfen. Sie haben gemeinsame Bitten, gemeinsamen Dank, gemeinsame Fürbitte vor Gott zu bringen, und sie sollen das freudig und zuversichtlich tun. Alle Furcht voreinander, alle Scheu, mit eigenem, freiem Worte vor den andern zu beten, darf hier zurücktreten, wo in aller Nüchternheit und Schlichtheit das gemeinsame brüderliche

Gebet durch einen der Brüder vor Gott gebracht wird. Ebenso aber darf und soll hier alle Beobachtung und Kritik schweigen, wo im Namen Jesu Christi mit schwachen Worten gebetet wird. Es ist in der Tat das Normalste des gemeinsamen christlichen Lebens, daß man gemeinsam betet, und so gut und nützlich hier unsere Hemmungen sein mögen, um das Gebet rein und biblisch zu erhalten, so dürfen sie doch nicht das notwendige freie Gebet selbst ersticken; denn es hat von Jesus Christus eine große Verheißung empfangen.[105]

☞ コラム

ボンヘッファー⑤

　ボンヘッファーの考えによれば、教会は「他者のためにある」ということにその存在理由がある。彼は教会を集合的な人格として描いていた。ボンヘッファーによれば、教会は「共同体として存在する」キリストである(106)。したがって、教会を確かに肯定することが彼の神学的倫理の核心にある(107)。この精神は、すぐ後に挙げる『共に生きる生活』の中に生きている。

　ボンヘッファーはとりわけ社会において弱く力のない者たちに心を寄せていた(108)。例えば彼は教会の内外にいるユダヤ人の安全に心を砕いた。彼は、ユダヤ人は神の子であるのだから、彼らの人間性と尊厳は守られるべきだと主張した。ボンヘッファーは実際、告白教会（bekennende Kirche）を組織し、宗教的・教会的資源をヒトラー支持のために使ったドイツ人キリスト者たちに反対するよう導いたのであるが、その告白教会のどの同僚よりも彼はずっと断固たる態度をとった。こうしてボンヘッファーは「ユダヤ人問題」をとおしてパワー・ポリティックスに足を踏み入れることになった(109)。

☞ コラム

死海文書クムラン写本断片 (110)
die Schriftrollen vom Toten Meer

　1946年から1947年にかけての冬、クムラン谷（Qumran, パレスチナ中央部のエルサレムから東へ20数キロ下った荒地、死海北西岸）で家畜を放牧していたベドウィン（遊牧民）のジュマ・ムハマッド（Jum'a Muhammad）が、群れから離れた山羊を連れ戻そうと崖を登って行った時、岩の間に小さな開口部を見つけた。中は暗くて何も見えなかったが、石を投げると土器の割れる音がした。土器の中からは布に包まれた巻物が出て来た。これが現在「死海文書」と知られている貴重な写本の発見であった。

　クムラン谷の調査は1956年まで続けられ、合計11の洞窟から土器などの生活用品と共に、ヘブライ語・アラム語・ギリシア語で書かれた大量の文書が発見された。また、1951年から1956年にかけ、クムラン洞窟近くの遺跡の発掘が行われ、約2000年

前にそこで生活していた人びとの生活跡が明らかにされた。その人びとはおそらくローマ軍による破壊（紀元66-70年）の前に『聖書』その他の巻物を土器に入れて洞窟に隠したものと思われる。

　写本の中の1つが「イザヤ書」で、これは実に、イエスが生きていた頃に書き写されたものなのである。なお、左の写本は「詩篇」スクロールクムラン（11QPs）で、高さ18.5cm（71/4インチ）・長さ86cm（333/4インチ）の羊皮紙に書かれている。

補　章

キーワードで見る「『聖書』の世界」

アダムとイブ（Adam und Eva）「創世記」Genesis（2:7~3:24）

人類最初の男と女であるアダムとイブは神の命令に従わず、結果、楽園から追放されることになる。（Da sprach Adam: Die Frau, die du mir zugesellt hast, gab mir von dem Baum, und ich aß. Da sprach Gott der HERR zur Frau: Warum hast du das getan? Die Frau sprach: Die Schlange betrog mich, so daß ich aß.「創世記」3:12-13）。「善悪の知識の木」は、食べるによく、目に慕わしく、賢くするという木であった（「創世記」2:9）。その木から実を取って食べたのは、ヘビのしわざのように表現されているが、『新約聖書』（「第二コリント」11:3）からすると、サタンがヘビを通して行ったということになる。

安息日（Sabbat）

すべての人が休息し、神を礼拝するために、週ごとに取り分けられた日のこと（「安息日を心に留め、これを聖別せよ。六日の間働いて、何であれあなたの仕事をし、七日目は、あなたの神、主の安息日であるから、いかなる仕事もしてはならない。あなたも、息子も、娘も、男女の奴隷も、家畜も、あなたの町の門の中に寄留する人々も同様である。六日の間に主は天と地と海とそこにあるすべてのものを造り、七日目に休まれたから、主は安息日を祝福して聖別されたのである」。Gedenke des Sabbattages, daß du ihn heiligest. Sechs Tage sollst du arbeiten und alle deine Werke tun. Aber am siebenten Tage ist der Sabbat des HERRN, deines Gottes. Da sollst du keine Arbeit tun, auch nicht dein Sohn, deine Tochter, dein Knecht, deine Magd, dein Vieh, auch nicht dein Fremdling, der in deiner Stadt lebt. Denn in sechs Tagen hat der HERR Himmel und Erde gemacht und das Meer und alles, was darinnen ist, und ruhte am siebenten Tage. Darum segnete der HERR den Sabbattag und heiligte ihn.「出エジプト記」20:8-11)。

イエス・キリストが日曜日に死人の中からよみがえったのでキリスト教徒は日曜日を休息と礼拝の日としている。『旧約聖書』の時代には、週の7番目の日（土曜日）が安息日であり、ユダヤ人の多くが土曜日に安息日を守っている。

カインとアベル（Kain und Abel）「創世記」Genesis（4:1~24）

カインはアダムとイブの長子（農夫）であったが、神が弟アベル（羊飼い）の捧げ物だけを受け取ることを妬んで弟（アベル）を殺害する（Abel wurde ein Schäfer, Kain aber wurde ein Ackermann. Es begab sich aber nach etlicher Zeit, daß Kain dem HERRN Opfer brachte von den Früchten des Feldes. Und auch Abel brachte von den Erstlingen seiner Herde und von ihrem Fett. Und der HERR sah gnädig an Abel und sein Opfer, aber Kain und sein Opfer sah er nicht gnädig an. Da ergrimmte Kain sehr.「創世記」4:2-5)。その罪の報いを受けて放浪の旅に出ることになる。

クリスマス（Weihnachten）

キリストの降誕を記念し教会で守るべき祝日。中世高地ドイツ語の ze wihen nahten「聖なる夜に」に由来する。初代教会では1月6日に、200年頃は5月20日に祝われていたが、4世紀半ばから現在の12月25日に行われるようになった。ローマ神話によれば、暗闇を照らす太陽神として崇められていたミトラ神（Mithra）という神がいた。4世紀頃、キリスト教が普及するにしたがって、このミトラ神に代わって（12月25日は本来ミトラ神の誕生日）新しくイエス・キリスト

の誕生日が 12 月 25 日とされるようになったのである。このように、暗闇を照らす新しい光の神としての立場にイエスは立つに至った。

聖霊 (heiliger Geist)
人格的であるが目に見えない、この世での神の力と臨在のこと(「あなたがたの上に聖霊が降ると、あなたがたは力を受ける。そして、エルサレムばかりでなく、ユダヤとサマリアの全土で、また、地の果てに至るまで、わたしの証人となる」ihr werdet die Kraft des heiligen Geistes empfangen, der auf euch kommen wird, und werdet meine Zeugen sein in Jerusalem und in ganz Judäa und Samarien und bis an das Ende der Erde.「使徒言行録」1:8)。

洗礼 (Taufe)
ギリシア語で「バプテスマ」という。バプテスマのヨハネが人びとに呼びかけた時、人びとは自分たちが犯した悪事を心から悔い、その罪の赦しを神に願い求めていることを明らかにするために、水を用いて洗礼を行った(「そのとき、イエスが、ガリラヤからヨルダン川のヨハネのところへ来られた。彼から洗礼を受けるためである。ところが、ヨハネは、それを思いとどまらせようとして言った。『わたしこそ、あなたから洗礼を受けるべきなのに、あなたが、わたしのところに来られたのですか』。しかし、イエスはお答えになった。『今は、止めないでほしい。正しいことをすべて行うのは、我々にふさわしいことです。そこで、ヨハネはイエスの言われるとおりにした』」

Zu der Zeit kam Jesus aus Galiläa an den Jordan zu Johannes, daß er sich von ihm taufen ließe. Aber Johannes wehrte ihm und sprach: Ich bedarf dessen, daß ich von dir getauft werde, und du kommst zu mir? Jesus aber antwortete und sprach zu ihm: Laß es jetzt geschehen! Denn so gebührt es uns, alle Gerechtigkeit zu erfüllen. Da ließ er's geschehen.「マタイ」3:13-15）。

天使（Engel）

ギリシア語で「（神の）使者」の意。神によって創られた霊で、高位から低位まで９種に分けられる。天使は必要に応じ神によって使者として人間のもとに遣わされる（悪魔ももともとは天使であったので「堕天使」と呼ばれる）。『新約聖書』の中、「受胎告知」（Die Verkündigung Mariä）の場面で現われる天使の姿は絵画のモチーフとしてよく用いられる（「天使ガブリエルが、ナザレというガリラヤの町に神から遣わされた。ダビデ家のヨセフという人のいいなずけであるおとめのところに遣わされたのである。そのおとめの名はマリアといった。天使は、彼女のところに来て言った。『おめでとう、恵まれた方。主があなたと共におられる』。マリアはこの言葉に戸惑い、いったいこの挨拶は何のことかと考え込んだ。すると、天使は言った。『マリア、恐れることはない。あなたは身ごもって男の子を産むが、その子をイエスと名付けなさい』」）Der Engel Gabriel wurde von Gott gesandt in eine Stadt in Galiläa, die heißt Nazareth, zu einer Jungfrau, die vertraut war einem Mann mit Namen Josef vom Hause David; und die Jungfrau hieß Maria. Und der Engel kam zu ihr hinein und sprach: Sei gegrüßt, du Begnadete! Der Herr ist mit dir! Sie aber erschrak über die Rede und dachte: Welch ein Gruß ist das? Und der Engel sprach zu ihr: Fürchte dich nicht, Maria, du hast Gnade bei Gott gefunden. Siehe, du wirst schwanger werden und einen Sohn gebären, und du sollst ihm den Namen Jesus geben.「ルカ」1:26-31)。

天地創造 (die Schöpfung der Welt)[112]「創世記」Genesis (1-2)
『旧約聖書』の最初の書物「創世記 Genesis (=「始まり」という意)」は神以外のすべてのものの始まりについて語っている (「初めに、神は天地を創造された」Am Anfang schuf Gott Himmel und Erde.「創世記」1:1)。その第1章1節〜25節は、天地万物の始まりについて、第1章26節〜第2章25節は、人の始まり (この補章の「アダムとイブ」の項を参照されたい) について記している。

ノア (Noa(c)h)「創世記」Genesis (6:9~9:28)
人びとが堕落した時代にあって神に従う人であったゆえ (Noah war ein frommer Mann und ohne Tadel zu seinen Zeiten.「創世記」6:9)、神の指示に従って「箱舟」を作り (Mache dir einen Kasten von Tannenholz.「創世記」6:14)、彼の家族とつがいの動物は洪水から救われた (An eben diesem Tage ging Noah in die Arche mit Sem, Ham und Jafet, seinen Söhnen, und mit seiner Frau und den drei Frauen seiner Söhne; dazu alles wilde Getier nach seiner Art, alles Vieh nach seiner Art, alles Gewürm, das auf Erden kriecht, nach seiner Art und alle Vögel nach ihrer Art, alles, was fliegen konnte, alles, was Fittiche hatte; das ging alles zu Noah in die Arche paarweise, von allem Fleisch, darin Odem des Lebens war.「創世記」7:13-15)。

バベルの塔 (Der Turm zu Babel)「創世記」Genesis (11:1~9)
当時、人びとは世界中、同じ言葉を使って同じように話し

ていた（Es hatte aberalle Welt einerlei Zunge und Sprache.「創世記」11:1）。彼らは高慢になり、天に届くような高い塔を建設し始めた。神は、これでは人びとが何かを企んでも防ぐことはできないと考え（Nun wird ihnen nichts mehr verwehrt werden können von allem, was sie sich vorgenommen haben zu tun.「創世記」11:6）、人同士お互いのことばが通じなくなるようにした（Laßt uns herniederfahren und dort ihre Sprache verwirren, daß keiner des andern Sprache verstehe.「創世記」11:7）。結局、人びとは塔を完成することができず、世界各地に散らばって行った（Daher heißt ihr Name Babel, weil der HERR daselbst verwirrt hat aller Länder Sprache und sie von dort zerstreut hat in alle Länder.「創世記」11:9）。

復活（Auferstehung）

死んだ後に生き返ること。イエスは死んで葬られ、3日後に死者の中からよみがえった。これは、罪と死に対するイエスの力を示している（「なぜ、生きておられる方を死者の中に搜すのか。あの方は、ここにはおられない。復活なさったのだ。まだガリラヤにおられたころ、お話しになったことを思い出しなさい。人の子は必ず、罪人の手に渡され、十字架につけられ、3日目に復活することになっている、と言われたではないか」Was sucht ihr den Lebenden bei den Toten? Er ist nicht hier, er ist auferstanden. Gedenkt daran, wie er euch gesagt hat, als er noch in Galiläa war: Der Menschensohn muß überantwortet werden in die Hände der Sünder und gekreuzigt werden und am dritten Tage auferstehen.「ルカ」24:5-7）。

メシヤ（Messias）

神が遣わすと約束した救い主のこと。ヘブライ語で「油注が

れた者」の意で、ギリシア語で「油注がれた者」を意味する語が「クリストス」であり、キリストは『新約聖書』において、イエスが救い主であることを示す名である（「アブラハムの子ダビデの子、イエス・キリストの系図」Dies ist das Buch von der Geschichte Jesu Christi, des Sohnes Davids, des Sohnes Abrahams.「マタイ」1:1）。

預言者（Prophet）

『旧約聖書』あるいは初代教会に現われる、人びとにメッセージを語るようにと、神によって選ばれた人のこと。イザヤ・エレミア・エゼキエル・ダニエルのように、神の啓示を受け、神のことばを公けに告げ知らせる者。例えば「イザヤ（ヤーウェ＜神＞は救いの意）書」（第52・53章）には、メシヤなる王である神の僕、すなわちイエス・キリストが訪れることが記されている（「わたしたちは羊の群れ。道を誤り、それぞれの方角に向かって行った。そのわたしたちの罪をすべて主は彼に負わせられた」Wir gingen alle in die Irre wie Schafe, ein jeder sah auf seinen Weg. Aber der HERR warf unser aller Sünde auf ihn.「イザヤ書」53:6）。

参考文献

アヤラ（Ayala,F.J. 著、藤井清久訳）2008『キリスト教は進化論と共存できるか？——ダーウィンと知的設計』教文館

ブランケンベイカー F.（後藤・渋谷 訳）1997『イラスト早わかり聖書ガイドブック』いのちのことば社

ハーレイ H.H.（³2003）『聖書ハンドブック』聖書図書刊行会

ヘンキュス J. 編　内藤道雄訳（1989）『ボンヘッファー獄中詩篇　詩と注解』

Hennig, Beate & Meier, Jürgen (²2006) : *Kleines Hamburgisches Wörterbuch* Verlag Schuster Leer

今西錦司（⁵1993）『ダーウィン』中央公論社

いのちのことば社（2007）『バイリンガル聖書』

川口洋（1996）『キリスト教用語小辞典』同学社

Lindow, Wolfgang (³1987) : *Plattdeutsch-Hochdeutsches Wörterbuch* Verlag Schuster Leer

Lindow, Wolfgang et al. (1998) : *Niederdeutsche Grammatik* Verlag Schuster Leer

Muuß, Rudolf (²1984) : *Dat Niee Testament, Plattdüütsch* Breklumer Verlag

鍋谷堯爾（2009）『創世記を味わうⅠ』いのちのことば社

日本聖書協会（2000）『死海写本と聖書の世界』（キリスト降誕2000 年「東京大聖書展」実行委員会）

Quadro-Bibel plus (2000) R. Brockhaus Verlag

Roberts, J.D. (2005) : *Bonhoeffer and King: Speaking Truth to Power* Westminster John Knox Press.『ボンホッファーとキング 抵抗に生きたキリスト者』(島田由紀訳、2008年、日本キリスト教団出版局)

Saß, Johannes (1957) : *Kleines plattdeutsches Wörterbuch* Verlag der Fehrs-Gilde

塩谷饒 (1975) 『ルター聖書のドイツ語』クロノス

塩谷饒 (1983) 『ルター聖書』大学書林

山谷・高柳・小川 ([38]1995) 『新約聖書略解』日本基督教団出版局

【注】

(1) そもそも中世・近世はドイツ語が1個別言語として拡張を続けていく時代であった。ルター自身がことばのルールをうち立てたというわけではない。それでも彼のことばが規範的な作用を及ぼしたことは確かである。『聖書』(1534年から1547年のうちに10万部が印刷された)をはじめとして、賛美歌・教理問答集・説教集(聖書テキストの注釈を含む)などを通したルターの影響は絶大であり、今日風に言えば一種のメディアとして作用したと言ってよいであろう。宗教的内容を含むがゆえに人びとに与えた効果は計り知れない。よく言われるようにルターはできる限り超地域的なことば使いをするように心がけていた:「『聖書』は誰にとっても理解できるものでなければならない」(ルター「ヨブ記」序:Ein schuster / ein schmid / ein bawr / ein yglicher seyns handtwercks / ampt vnnd wreck hat / vnnd doch alle gleich geweyhet priester vnd bischoffe)。これがルターのモットーであり、自分が『聖書』の読者に受け入れられ、また理解されようと常に努力していたのである。

(2) この市庁舎内でウェストファリア条約が結ばれた (1648年)。

ウェストファリア条約締結を描いた絵画

(3) ボンヘッファーは現代的意味でもその存在が注目されているドイツ

の宗教者・神学者である。ボンヘッファーの立ち位置を示す典型的な文言は次のものである。彼の信仰のエッセンスと言えるであろう：「僕たちは、この世の中で生きねばならない―たとえ神がいなくても―ということを認識することなしに、誠実であることはできない。しかも、僕たちがこのことを認識するのはまさに、神の前においてである」。端的に言えば、「神の前で、神と共に、僕たちは神なしに生きる」ということである」。ボンヘッファーの祈りに関する見方は例えば次の箇所にはっきりと見て取ることができる：„Herr, lehre uns beten!" So sprachen die Jünger zu Jesus. Sie bekannten damit, daß sie von sich aus nicht zu beten vermochten. Sie müssen es lernen. Beten-lernen, das klingt uns widerspruchvoll. Entweder ist das Herz so übervoll, daß es von selbst zu beten anfängt, sagen wir, oder es wird nie beten lernen. Das ist aber ein gefährlicher Irrtum, der heute freilich weit in der Christenheit verbreitet ist, als könne das Herz von Natur aus beten. Wir verwechseln dann Wünschen, Hoffen, Seufzen, Klagen, Jubeln — das alles kann das Herz ja von sich aus — mit Beten. Damit aber verwechseln wir Erde und Himmel, Mensch und Gott. Beten heißt ja nicht einfach das Herz ausschütten, sondern es heißt, mit seinem erfüllten oder auch leeren Herzen den Weg zu Gott finden und mit ihm reden. Das kann kein Mensch von sich aus, dazu braucht er Jesus Christus. (Eberhard Bethge et al. hrsg., *Dietrich Bonhoeffer Werke*, Band 8 : Widerstand und Ergebung, 『ボンヘッファー聖書研究（旧約編）』Chr. Kaiser Verlag 1998:491-492)「主よ、われらに祈ることを教えたまえ」（ルカ 11:1）。こう弟子たちはイエスに言った。そう言うことによって、彼らは、祈りが自分たちからは不可能なことを告白した。彼らはそれを学ばねばならない。祈りを学ぶとは、矛盾した響きを私たちに感じさせる。心が満ち溢れて、おのずから祈り始めるか、さもなければ、祈りなど学びえないか、どちらかだと私たちは言う。しかし、心が自然に祈りうるという考えは、確かに今日広くキリスト教界に普及している危険な誤りである。そこで私たちは、願うこと・望むこと・呻くこと・訴えること・喜ぶこと―すべてそういうことは心がみずからなしうるのだが―を、「祈ること」と混同する。そのことによって私たちは、地と天、人と神とを混同する。「祈る」とは、ただ単に心を注ぎ出すことではない。むしろその満たされたあるいは空虚な心で、神への道を見出すことであり、神と語ることである。だれもこのことを自分からすることはできない。そのために、イエス・キリストが必要とされるのである」。

(4) カトリックでは、『旧約聖書外典』（続編）15文書も正典に入れる。ユダヤ教では、キリスト教における『旧約聖書』（ヘブライ語聖書という呼称が広まりつつある）だけが『聖書』である。なお、イスラム教のコーランには『聖書』が部分的に組み入れられている。

(5) 1815年、アメリカのペンシルバニア州の生まれ。父は弁護士、母は牧師の娘という家庭で育つ。8人兄弟で大変信仰深い両親のもとで育てられた。

(6) 2009年で、日本でのプロテスタント布教が開始され150年となる。この起点の1つになっているのが日本語への『聖書』翻訳なのである。

(7) 当時、新しい宗教であるキリスト教と、日本旧来の土着の宗教との関係は明らかにはなっていない。そもそも日本の場合、古来の宗教については実はよくわかっていないのだ。初源の日本宗教のあり方についてはまだ解明されていない部分が多く、汎神論であるという概要よりもさらに深く知ろうとすると、たちまち困難に直面する。古代日本の宗教は汎神論というより、例えばケルトのドルイドのような自然宗教的なものであったかもしれない。確かに、仏教やキリスト教と違って日本で生まれた唯一の宗教は神道であるが、はるか古代に自然発生的に生まれたがゆえに教義というものがない。この点は釈迦やキリストのように創始者がいる宗教とはまるで異なっている。飛鳥・奈良時代に中国・朝鮮半島から仏教や儒教が入ってくると神道は比較的、円滑にそれらに取り込まれてしまったのも、神道の宗教的特徴がその背景にあるかもしれない（折口信夫「民族史観における他界観念」参照。海老沢泰久 2005:172-173『一冊の本が人生を変える』文藝春秋2005年11月臨時増刊号）。

(8) 鳥羽季義『聖書ほんやく』（ウィクリフ聖書翻訳協会、No.225, 2008年8月号1頁：「これが文語訳聖書であった。そして日本で神のことばが自由に読めるようになった」。

(9) 明治期以前のかつてのキリシタンは命を賭けて『聖書』の教えを守り抜いたのであった。例えば17世紀時点での殉教の様子は『切支丹宗門の迫害と潜伏』（姉崎正治著、大正14年刊、同文館、『マルチリヨの心得』229-239頁）から読み取ることができる。

(10) 実際、漢訳『聖書』を読みこなすことができたのはせいぜい人口の50分の1程度に過ぎず、漢文の読めない大多数の人びとに布教するには日本語訳『聖書』が必要とされた。

(11) 1872年に『新約聖書』の「マタイ伝」・「マルコ伝」・「ヨハネ伝」が出版されている。なお、本書を通し『聖書』の日本語訳はいずれも新共同訳に依っている。

(12) このドイツ語文は、ルター版『聖書』(ルターの『聖書』オリジナル訳を現代語風に訳し直したもの。1972 年、Deutsche Bibelgesellschaft Stuttgart) による。
(13) Bergmann, Pauly & Moulin (⁶2004:11-12) : *Alt- und Mittelhochdeutsch* Vandenhoeck & Ruprecht
(14) 厳密には、Early Modern English (前期近代英語)。
(15) Köln 大聖堂 (1824 年)
(16) 「マタイ」の出だしが長い系譜からなるのも、イエスが正統な血筋にあることを示さんがためである。すなわち、ユダヤ人に向けて、イエスこそがユダヤ人が長い間、待望していたメシア (救世主) であることを示そうとしているのである。同様の趣旨が同じく福音書である「ヨハネ」にも顕著に見られる。例えばヨハネが「メシア」と書いて、その後わざわざ「訳せばキリスト」等と記している箇所がある (例:「ヨハネ」4:25「わたしは、キリストと呼ばれるメシアが来られることは知っています」新共同訳)。当時のユダヤ教の世界では「キリスト」は必ずしもイエスを指す称号ではなかった。と言うのは、「メシア」という語はアラム語の語であり、「キリスト」とはそのギリシア語訳にすぎないからである。つまり、「キリスト」とは、ユダヤ教において流布していた「メシア」という概念のギリシア語訳である。
(17) 受胎告知の場面。聖母マリア (右) は天使 (左) を通し自分のところに神が直接おもむいてきたことに対して戸惑い驚く。天使はマリ

Köln大聖堂 (1824年)。正式名称はSankt Peter und Maria Dom。1248年の起工から完成の1880年まで600年以上かけてつくられた。この絵は建築途中の様子。

受胎告知の場面（フラ・アンジェリコ作）。聖母マリア（右）は天使（左）を通し自分のところに神が直接おもむいてきたことに対して戸惑い驚く。天使はマリアに「聖霊があなたにくだり、いと高き方の力があなたを包む」と述べ伝える。

　　アに「聖霊があなたにくだり、いと高き方の力があなたを包む」と述べ伝える。
(18) 『旧約聖書』は1つの約束の物語（史実）であり、『新約聖書』はその約束がどのようにして実現したのかを報告している。
(19) 「マタイ」の正確な成立時期に関しては聖書学者の間でも意見が分かれており、エルサレム陥落前（紀元60年-65年）に書かれたとする説と、陥落後（紀元70年代）に書かれたとする説とに分かれる。いずれにせよ、遅くとも紀元85年頃までには成立していたと考えられている。
(20) 4つある福音書の中でイエスの記述のされ方はそれぞれである。「マタイ」では「王」として、「マルコ」では「（神の）しもべ」として、「ルカ」では「人（の子）」として、そして「ヨハネ」では「神（の子）」として描写されている。これらすべての福音書を読めば（どれか1つを読むより）より全体的なイエスの捉え方をすることができる。『旧約聖書』の預言者たちも同様の描き方をしている［例：「王」（イザヤ書・エレミア書・ゼカリヤ書）、「（神の）しもべ」（イザヤ書）、「人（の子）」（イザヤ書）、「神（の子）」（エレミア書）］。
(21) 本章のドイツ語テキストは、ルター訳『聖書』Lutherbibel (1912) で

【注】 237

ある。
(22) マタイ (2:13-23) のテキストは次のとおりである。

<エジプトに避難する>

2:13 占星術の学者たちが帰って行くと、主の天使が夢でヨセフに現れて言った。「起きて、子供とその母親を連れて、エジプトに逃げ、わたしが告げるまで、そこにとどまっていなさい。ヘロデが、この子を探し出して殺そうとしている。」

2:14 ヨセフは起きて、夜のうちに幼子とその母を連れてエジプトへ去り、

2:15 ヘロデが死ぬまでそこにいた。それは、「わたしは、エジプトからわたしの子を呼び出した」と、主が預言者を通して言われていたことが実現するためであった。

<ヘロデ、子供を皆殺しにする>

2:16 さて、ヘロデは占星術の学者たちにだまされたと知って、大いに怒った。そして、人を送り、学者たちに確かめておいた時期に基づいて、ベツレヘムとその周辺一帯にいた二歳以下の男の子を、一人残らず殺させた。

2:17 こうして、預言者エレミヤを通して言われていたことが実現した。

2:18「ラマで声が聞こえた。激しく嘆き悲しむ声だ。ラケルは子供たちのことで泣き、／慰めてもらおうともしない、／子供たちがもういないから。」

<エジプトから帰国する>

2:19 ヘロデが死ぬと、主の天使がエジプトにいるヨセフに夢で現れて、

2:20 言った。「起きて、子供とその母親を連れ、イスラエルの地に行きなさい。この子の命をねらっていた者どもは、死んでしまった。」

2:21 そこで、ヨセフは起きて、幼子とその母を連れて、イスラエルの地へ帰って来た。

2:22 しかし、アルケラオが父ヘロデの跡を継いでユダヤを支配していると聞き、そこに行くことを恐れた。ところが、夢でお告げがあったので、ガリラヤ地方に引きこもり、

2:23 ナザレという町に行って住んだ。「彼はナザレの人と呼ばれる」と、預言者たちを通して言われていたことが実現するためであった。

(23) 『ボンヘッファー選集Ⅷ』、大崎節郎訳、1964年、新教出版社（一部改訳）

(24) Dietrich Bonhoeffer *'Gesammelte Schriften'* 第四巻 hrsg. von Eberhard Bethge, Chr. Kaiser 社　1965年。

(25) 「マタイによる福音書」の中の話のこと（2章13-23節）である。

(26) このドイツ語文は、ルター版『聖書』(ルターの『聖書』オリジナル訳を現代語風に訳し直したもの。1972 年、Deutsche Bibelgesellschaft Stuttgart) による。
(27) 新約聖書翻訳委員会 訳 (2004 年、岩波書店)
(28) 尾山令仁 訳 (^{10}2004 年、羊群社)
(29) ハーレイ (^{3}2003:236)。この 150 篇は 5 つの部分に分けられる：(1) 1-41 篇、(2) 42-72 篇、(3) 73-89 篇、(4) 90-106 篇、(5) 107-150 篇。主題としては、メシアの詩、歴史的な詩、悔改めの詩、呪いの詩、神政の詩、賛美の詩などがある。
(30) 本章のドイツ語テキストは *Neue Zürcher Bibel* (1996) である。
(31) 『新約聖書』の中にも、「詩篇」からの引用を多く見出すことができる。少なくとも 20 箇所、イエスの生涯・死に言及している引用がある (ブランケンベイカー 197:137)。
(32) ハーレイ (^{3}2003:237)。
(33) ギリシア語大文字アンシアル字体 (大形で丸みを帯びた文字) と、いくつかのラテン文字・ゴート文字が用いられている。
(34) ゴート語『聖書』は、四福音書が「マタイ」・「ヨハネ」・「ルカ」・「マルコ」が並んでおり、現代の聖書の順番と同じではない。また、写本は二人の書き手によって仕上げられたと考えられ、「マタイ」・「ヨハネ」の書き手と「ルカ」・「マルコ」の書き手では筆跡、装飾の点で異なるとされている。
(35) 『ボンヘッファー獄中詩篇 詩と注解』(Ｊ．ヘンキュス編 内藤道雄訳 1989:239)
(36) 『ボンヘッファー選集Ⅴ』「抵抗と信従」倉松功・森平太 訳、1964 年、新教出版社 (一部改訳)
(37) 午前 9 時 24 分から 11 時 13 分までであったことがわかっている。
(38) この z. Zt. は zur Zeit の略である。今日の新正書法では zurzeit と綴られるようになり、それに伴って略も zz. あるいは zzt. に変化している。
(39) horrible dictu はラテン語である。これはドイツ語では schrecklich zu sagen「口にするのが憚れるが」という意味になる。
(40) Eberhard Bethge et al. hrsg., *Dietrich Bonhoeffer Werke*, Band 8 : Widerstand und Ergebung, Chr. Kaiser Verlag 1998:491-494.
(41) 『ボンヘッファー獄中詩篇 詩と注解』(Ｊ．ヘンキュス編 内藤道雄訳 1989:16-20)
(42) 「ヨハネ伝」の筆者は、例えばパウロのように、「永遠の生命」ということを現実に此の世の生命を生きている個体としての人間が姿を

【注】 239

変えて永遠に生きることだとは考えていない。
(43) さらに言うならば、あのイエスに出会ったのなら人間は誰もがイエスを信じるしかないであろうという意である。
(44) 教会的編集としては、将来的な「最後の審判」の思想が思い起こされる。ここで対象としている「ヨハネ伝」の文脈では、せっかく神の子イエスが来たのにそれを信じないということを意味している。
(45) このコラムのドイツ語4文は、*Die Bibel* (oder die heilige Schrift des Alten Neuen Testaments nach der Übersetzung Martin Luthers), Deutsche Bibelgesellschaft Stuttgart) による。
(46) 新共同訳では「私を拒み、私の言葉を受け入れない者に対しては、裁く者がある」（ヨハネ 12:48）となっているが、ギリシア語原文に忠実に訳せば「私を無視し、私の言葉を受け取らない者は、自分自身を裁く者を自分の中にもっている」（ヨハネ 12:48）となる。すなわち、イエスを信じないという自分の態度そのものが、自分に対する裁きになるのである。
(47) 「ヨハネ伝」の筆者の眼目は、此の世の現実において1人1人の人間として生きているそれぞれの個体は死ぬけれども、しかしながら、信じる者はその死を越えた永遠の生命に連なるということである。すなわち、私個人は消えてなくなっても、我々はみな何か悠久の神的一体の中に組み込まれて、永遠に共に連なっている、つまり、イエスを信じる者は永遠の生命を得て神的永遠の領域に連なるということである。そもそも、神の存在は人間世界から絶対的に隔絶したものである。単に隔絶しているだけでなく、はるかに超越的であるはずである。もしもその神的存在を人間世界の論理や思想で証ししてみせることができるのであるとすれば、その時点でそれはすでに人間世界に自ずと隷属してしまうことになってしまうので、つまり神的存在ではなくなってしまう。すなわち、神的存在は神によってしか証明され得ない。
(48) 本章のドイツ語テキストは、共同訳『聖書』Einheitsübersetzung (1980) である。
(49) パウロがローマにやって来た時、信徒たちの熱い歓迎を受けた。パウロがこの書簡を執筆した理由は、1）小アジアで集めた募金を渡すためにエルサレムを訪問するがローマの信徒たちの祈りを頼むこと、2）エルサレム訪問後はローマを経てイスパニアに向かう計画であることを伝えること、3）ローマの共同体内でユダヤ人と異邦人の関係がうまくいっていないことにパウロが気づいていることを知らせること 等である。

(50) 「ローマ書」の中心テーマはイエス・キリストへの信仰を通して得られる救いである。パウロはアブラハムを引き合いに出してキリストによる神の過分の恩寵を強調し、人が義とされるのは、信者の側の信仰と結び付いた、神の側のこの恩寵のみによることを力説している。「ローマ書」ではパウロ神学ともいうべきものが明白に打ち出されており、初期キリスト教思想の根底をつくるものとなった。

(51) パウロがこれからローマを訪問しようとしていることを知らせようとしている。この挨拶はローマ教会に対するパウロの自己紹介であり、同時に自己の宣べる福音の要旨を語ろうとするものである。

(52) 常に生きて力強く働く救い主であるという意。

(53) パウロがこのようにローマ訪問を願ったのは、自分が異邦人への使徒としての使命感から、ギリシア人にも未開の人にも、また賢い者にも無知な者にも福音を宣べ伝える責任を感じていた「ローマ1-14」）からである。すべての人びとに福音を宣べ伝えんとする義務感から、ローマ教会と言えどもパウロにとって例外ではない。ローマは当時の世界の中心的大都市であり、また西方（例：イスパニア）伝道のための関門でもあった。

(54) 福音の宣教によりローマの信者たちの信仰を力づけるという意味である。

(55) 次の 16・17 節は「ローマ書」全体の主題となる部分である。

(56) 『旧約聖書』の「ハバクク書」2.4 の引用。ヘブライ語原文の直訳は「義人は神の信実において生きる」となる。

(57) ベルリン時代の 1930 年代初期の頃のものである。

(58) 『ボンヘッファー選集Ⅷ』、大崎節郎訳、1964 年、新教出版社（一部改訳）

(59) この章の＜コラム＞にて紹介する。

(60) 1931 年に Otto Bruder の戯曲「聖フランチェスコ」(Ein Spiel vom Heiligen Franz) が出版されている（Chr. Kaiser 社）。ただ、この上演の件については日時・場所等はわかっていない。

(61) Dietrich Bonnhoeffer *'Gesammelte Schriften'* 第四巻 hrsg. von Eberhard Bethge, Chr. Kaiser 社　1965 年。

(62) フランシスコの賛美と祈りとは、彼が出会った神の御言葉と祈りの内に一体となった実りの姿である：「彼は祈っていたというよりも、自分自身が祈りとなったのである」（チュラノのトマス「聖フランシスコの第二伝記」94-95）。

(63) 「京滋神学講座」（京都・洛陽教会）の「『新約聖書』概論」（講師：田川建三先生）で配布される資料からコリントという街の特性につ

いて多くを学ぶことができる。
(64) コリントの信徒からの疑問点にパウロが答えている中で「主の晩餐」について触れられていることからパウロ時代の教会生活の一端がうかがえる。
(65) パウロのことばの中にあって、次の箇所（第一コリント 15:3~8）は、確実に最初期のエルサレム教会にまで遡る伝承として貴重な資料である。初期キリスト教がイエスの十字架をどのように位置づけ、その復活をどのように信じていたかがわかる：「15:3 キリストが、聖書に書いてあるとおりわたしたちの罪のために死んだこと、15:4 葬られたこと、また、聖書に書いてあるとおり三日目に復活したこと、15:5 ケファに現れ、その後十二人に現れたことです。15:6 次いで、五百人以上もの兄弟たちに同時に現れました。そのうちの何人かは既に眠りについたにしろ、大部分は今なお生き残っています。15:7 次いで、ヤコブに現れ、その後すべての使徒に現れ、15:8 そして最後に、月足らずで生まれたようなわたしにも現れました」。最後の文の「わたし」とは筆者のパウロを指している。
(66) 本章のドイツ語テキストは、ルター訳『聖書』Lutherbibel (1912) である。
(67) この章では、キリスト教第一の教え「愛」について語られる。イエスの御国の愛についての教えの不滅の表現であり、愛は教会を建て上げるための力となる。また「愛」は神の力の表現の集大成である。
(68) 低地ドイツ語とは、主にドイツ北部で使われる方言であり、この方言訳のドイツ語聖書も存在する。具体的には Rudolf Muuß (²1984) : *Dat Niee Testament, Plattdüütsch* (Breklumer Verlag) を指す。本書では低地ドイツ語のことを以下「低ド」と略記する。
(69) 以下に引用する『聖書』（蘭・英）は、蘭語：De Nieuwe Bijbelvertaling、英語：New King James Version である。
(70) een tekort hebben「不十分である」・aan de eisen niet voldoen「条件を満たさない」と同義。
(71) この現象については一般的にはよく、学んだことのない外国語を超自然的に語る現象であると言われることがあるが、現代言語学の見地からすると、上記のように話された音声が当該言語を母語とする別の人に理解されるという可能性は低く、むしろ、自然言語に似てはいるが一貫した体系性をもたない原初的喃語 (babbling) ではないかと推定されるという (W.J.Samarin, 'Variation and Variables in Religious Glossolalia,' *Language in Society*, ed. D.Haymes, Cambridge, 1972, p.121-130)。つまり、舌で語っているからといって言語ではな

く、ろれつの回らない舌で言語にはならない音声を発しているのではないかという趣旨である。
(72) 当時コリントの教会では霊の賜物を受けたとして宗教的な恍惚境に陥ってみたり熱狂的に騒いだりすることが流行していた。確かに、この種の宗教的熱狂現象は新興宗教においては生まれやすい（この当時、キリスト教は一種の新興宗教である）。この現象に対するパウロの基本的な姿勢は、霊の賜物を受けるということは結構なことであるという態度である。それどころか、コリントの教会に異言を導入したのはパウロ自身であろうと考えられる（「京滋神学講座」（京都・洛陽教会）の「『新約聖書』概論」の資料）。14章18節で自慢げに自分の異言の技を語っているように、パウロはキリスト教に初めて接するコリントの人びとに対して自ら異言（舌で語ること）をやってみせたのである。自分が聖霊なるものを受けているということを立証するためであろう。ただ、コリントの教会の信者たちが、この霊に憑かれたあまりにファナティックな現象が流行するのに困惑し（礼拝の秩序が保ちにくいため）、パウロに手紙をよこし、どうしたらいいか尋ねてきたという経緯である。
(73) 「もし異言を解き明かす者が誰もいなければ教会では黙す」よう説かれている（第28節）。
(74) 第6節以下、「何の益になろう」（6節）・「どうしてわかるだろう」（7節）・「誰が受け入れを準備するのか」（8節）・「どうして知ってもらえるか」（9節）と問題提起し、第10節「世界には非常に多くの種類のことばがあるが意味のないことばは一つもない」・第11節「もし私がその異言のことばの意味がわからないのなら、そのことばを話す人は私にとって異国人である」と説明を付け加えている。そして、「教会の徳を高めるために解釈の賜物が豊かに与えられるよう熱心に求めるように」（12節）、「異言を語る者はそれを解き明かすことができるように祈るよう」奨励している（13節）。本章はこのように、「異言」と「預言」の賜物の相対的価値についての議論が行われている。ここのコンテクストでいう「預言」とは水準の高い教えである。「預言」はしばしば未来のできごとを「予示する」ことを意味するが、ここでは聖霊の特殊な助けによる教えのことをいっている。「預言」は「異言」を語ることよりもはるかに価値があるとされる。なぜなら「預言」は誰もが理解し得るからである。
(75) 『誘惑』（堀 光男 訳）新教出版社 ^{3}1961年.（一部改訳）
(76) エペソ（6:12）参照。
(77) ヘブル（3:13）参照。

【注】

(78) Dietrich Bonnhoeffer 'Versuchung', Chr. Kaiser 社 (1954:29-32).
(79) 倫理的決断に対するボンヘッファーのアプローチは包括的な意味において状況に即したものである（Roberts 2005:178）。
(80) Roberts (2005:185)
(81) 「キリストが『旧約聖書』に属している」というボンヘッファーの『旧約聖書』理解をめぐる転回（Kehre）がある（「獄中書簡」において）。
(82) Roberts (2005:211)
(83) ここで神といっているのはキリスト教の神である。日本では、進化論をもう一つ肌身に感じるようなところが伴わないのはいたしかたないことである。
(84) 「ある場所からの移行」とは他の動物からの進化形の意。
(85) Martin Rüter & Ilse Tödt hrsg., *Dietrich Bonhoeffer Werke*, Band 3: Schöpfung und Fall, Chr. Kaiser Verlag (1989:57-58)、『ボンヘッファー聖書研究　旧約編』（生原・畑・村上訳）新教出版社　2005年。
(86) 伝統的にはモーセが著者だとされているが、厳密にはモーセが編集者としてこの書をまとめたと言うべきである。聖書自身は、『旧約聖書』の最初の五書はモーセが書いたと教えている。
(87) ハーレイ（³2003:59-63）。
(88) キリスト教の中に人間中心主義が生まれた『聖書』的根拠は、この26・27・28節にあると考えられている：「神は言われた『我々にかたどり、我々に似せて、人を造ろう。そして海の魚、空の鳥、家畜、地の獣、地を這うものすべてを支配させよう』。神は御自分にかたどって人を創造された。神にかたどって創造された。男と女に創造された。神は彼らを祝福して言われた『産めよ、増えよ、地に満ちて地を従わせよ。海の魚、空の鳥、地の上を這う生き物をすべて支配せよ』」。
(89) ヘブル語では「神」はエロヒムという複数形になっている。この語は、神が「三位一体の神」であることを暗示しているとされている。
(90) 日本語テキストに続くのは、『ルター聖書』*Lutherbibel*（1545年）である。以下に4行並行しているのが、ル：ルター現代語訳 Lutherbibel (1984年)、共：共同（カトリック・プロテスタントの両方に向けて「統一された」の意）訳 Einheitsübersetzung, グ：Gute Nachricht Bibel (1997年), エ：Revidierte Elberfelder Bibel 改訂エルバーフェルダー訳 (R.Brockhaus Verlag) の各訳である。
(91) 「～あれ」という動詞はヘブル語で「イェヒ」であり、神のことばの内容は宣告（命令）である。

(92) 塩谷（1975:58）。
(93) 命名（あるいは祝福）するという行為は、命名する対象に対して権威をもっているということを表わしている。
(94) 地から生じた植物は3種類あったと考えられる：①一般的な草の類と穀類・②香草・野菜類・③果樹の木々。
(95) 詳しくは、塩谷（1975:57-61）を参照のこと。
(96) 注73と同じく、詳しくは 塩谷（1975:57-61）を参照のこと。
(97) 塩谷（1983:5）。
(98) 塩谷（1983:7）。
(99) 「われわれ」という語形は、神が三位一体の方であることを示している。
(100) 人は不完全から完全へと前進するものとみなされている：「私たちは皆、顔の覆いを取りのけられて、鏡のように主の栄光を反映させながら、栄光から栄光へと、主と同じ形に姿を変えられていく。これはまさに、御霊なる主のはたらきによるのである」（第二コリント3:18）。
(101) 28〜30節は「エデン契約」と呼ばれる、『聖書』の最初の契約である（この後の2章に入ってさらに詳しい内容が示される）。神がアダム（人類の代表）と結んだ契約であるが、結果的にアダムはこの契約を破る（ホセア6:7）。
(102) 「非常によかった」とされているのは第六日だけであり、この日がいかに特別な日であったかがわかる。
(103) 『共に生きる生活』（森野 善右衛門 訳）新教出版社 1989年。（一部改訳）
(104) もし私たちに祈りが与えられていなかったら、私たちは生きたキリストの体とはなり得なかっただろう。しかも、私たちに与えられているのは、一人の祈りであると共に、共同体としての、すなわちキリストの御体としての祈りである。これにより私たちは神への盲従以上のことが可能となるのである。私たちは、キリストのゆえに、神に自分のためにお願いすることができ、また兄弟のためにもお願いをすることができる。
(105) G.L.Müller & A.Schönherr hrsg., *Dietrich Bonhoeffer Werke*, Band 5：Gemeinsames Leben, Chr. Kaiser Verlag（1987:53).
(106) Roberts（2005:172）
(107) Roberts（2005:215）
(108) 抑圧と苦しみの中にある他者のためにあることはボンヘッファーの生・思想・活動と一致している。それは、声なき者のために声を上げ、力なき者たちの側に立って苦しむべきだという確信から来てい

る。ボンヘッファーにとって、教会は「他者のためにあり」、キリストは他者のためにあられた方である（Roberts 2005:186）。
(109) Roberts (2005:216)
(110) 略して「死海写本」とも言われる。紀元前3世紀から紀元後1世紀頃のエッセネ派クムラン教団の文献である。善と悪との戦い・メシア到来など原始キリスト教との関係を窺わせる内容で、ユダヤ教・キリスト教ともに神学上きわめて重要な資料である。
(111) この章のテキストについては、日本語は『「新共同訳」聖書』を、ドイツ語は *Lutherbibel*（1984年）を用いる。なお、ルター訳『聖書』でHERRと大書される場合、この語は「主」を指す。
(112) 本書「第5章」を参照。

河崎　靖（かわさき　やすし）

1960年、三重県生まれ。京都大学大学院文学研究科修士課程修了。
現在、京都大学大学院 人間・環境学研究科教授。
著書『ドイツ方言学――ことばの日常に迫る――』（現代書館、2008）、『ドイツ語学への誘い――ドイツ語の時間的・空間的拡がり――』（現代書館、2007）、『ゲルマン語学への招待――ヨーロッパ言語文化史入門――』（現代書館、2006）、『アフリカーンス語への招待』（現代書館、2010）。共著書に『低地諸国（オランダ・ベルギー）の言語事情――ゲルマンとラテンの間で――』（大学書林、2002）、『オランダ語の基礎』（白水社、2004）など。共訳書に『オランダ語誌』（現代書館、1999）、『ドイツ語の歴史』（朝日出版社、2004）などがある。

ドイツ語で読む『聖書』――ルター、ボンヘッファー等のドイツ語に学ぶ

2011年9月1日　第1版第1刷発行

著　者　河　崎　　　靖
発行者　菊　地　泰　博
組　版　コ　ム　ツ　ー
印　刷　平河工業社（本文）
　　　　東光印刷所（カバー）
製　本　矢　嶋　製　本
装　幀　中山銀士＋金子暁仁

発行所　株式会社 現代書館
〒102-0072　東京都千代田区飯田橋3-2-5
電　話 03(3221)1321　FAX 03(3262)5906
振替 00120-3-83725　http://www.gendaishokan.co.jp/

©2011 KAWASAKI Yasushi　Printed in Japan ISBN978-4-7684-5656-9
定価はカバーに表示してあります。乱丁・落丁本はおとりかえいたします。

本書の一部あるいは全部を無断で利用（コピー等）することは、著作権法上の例外を除き禁じられています。但し、視覚障害その他の理由で活字のままでこの本を利用出来ない人のために、営利を目的とする場合を除き、「録音図書」「点字図書」「拡大写本」の製作を認めます。その際は事前に当社までご連絡ください。また、テキストデータをご希望の方はご住所、お名前、お電話番号をご明記の上、右下の請求券を当社までお送り下さい。

活字で利用できない方のための
テキストデータ請求券
『ドイツ語で読む『聖書』』

● 現代書館の語学関連書

ドイツ語学への誘い——ドイツ語の時間的・空間的拡がり

河崎 靖 著 欧州地域内で最も話者が多い言語は実は英語ではなくドイツ語である。EU内で重要な役割を果たすこの言語の歴史・文化・特徴を一般向けに書き下ろした。ドイツ語とルターの宗教改革の関係を軸として宗教と言語の関係も解説する。　　　　　　　　　　2300円+税

ドイツ方言学——ことばの日常に迫る

河崎 靖 著「方言礼賛」を超えて、展開されるドイツ方言学入門の真髄。言語学から見た方言とは何か、外国語の方言を学ぶ意義とは何か等の疑問に答えながら、かけがえのない母語としての方言の歴史・特徴・文化的可能性をドイツ方言を通じ考える。　　　　　　　2300円+税

ゲルマン語学への招待——ヨーロッパ言語文化史入門

河崎 靖 著 英語・独語・蘭語グループのおおもとゲルマン語の全貌と歴史が分かる本。ギリシア、ラテンなど古典語として強い文化的求心力を持つ言語に対し、ゲルマン語が担ってきた多様な文化と歴史を多くの文献、会話例などで詳解する。　　　　　　　　2300円+税

アフリカーンス語への招待(CD付)——その文法、語彙、発音について

河崎 靖 著 南アフリカ共和国を中心として話されるアフリカーンス語は、稀有な歴史を持った言語だ。欧州を源泉としアフリカで独自の発展を遂げアジアの言葉などの影響も受けた。発音と文法、そして語彙についてオリジナルCD付きで解説。　　　　　　　3000円+税

オランダ語誌——小さな国の大きな言語への旅

B.C.ドナルドソン 著／石川光庸・河崎 靖 訳 日本人にとって江戸時代の「蘭学」の頃より大言語であったこの言語の歴史を、社会、民族、国家の関係の中から浮き彫りにする。平易な事例で明らかにしていくオランダ語入門。訳者による日本人向けの解説付。　　2800円+税

羊皮紙に眠る文字たち——スラヴ言語文化入門

黒田龍之助 著 ロシア語などでおなじみのキリル文字。この文字の歴史とスラヴ言語の多様性を、NHKテレビ「ロシア語会話」の前講師が解明する。著者の体験を交えた、軽快かつアカデミックな文を追う中から東欧文化圏成立の壮大な史実が分かる。木村彰一賞受賞作。　　　2300円+税